KÖNIGS ERLÄUTERUNGEN
Band 235

Textanalyse und Interpretation zu

Georg Büchner

DANTONS TOD

Rüdiger Bernhardt

Alle erforderlichen Infos für Abitur, Matura, Klausur und Referat
plus Musteraufgaben mit Lösungsansätzen

Zitierte Ausgaben:

Büchner, Georg: *Dantons Tod. Ein Drama.* Husum/Nordsee: Hamburger Lesehefte Verlag, 2008 (Hamburger Leseheft Nr. 113, Heftbearbeitung: F. Bruckner und K. Sternelle). Zitiert wird durch nachgestellte Seiten- und Zeilenangabe, z. B. **HL** 13, 1ff.
Büchner, Georg: *Dantons Tod. Ein Drama.* Stuttgart: Reclam, 2002 (Reclams Universal-Bibliothek Nr. 6060). Zitiert wird durch nachgestellte Seiten- und Zeilenangabe, z. B. **R** 13, 1ff.

Über den Autor dieser Erläuterung:

Prof. Dr. sc. phil. Rüdiger Bernhardt lehrte neuere und neueste deutsche sowie skandinavische Literatur an Universitäten des In- und Auslandes. Er veröffentlichte u. a. Studien zur Literaturgeschichte und zur Antikerezeption, Monografien zu Henrik Ibsen, Gerhart Hauptmann, August Strindberg und Peter Hille, gab die Werke Henrik Ibsens, Peter Hilles, Hermann Conradis und anderer sowie zahlreiche Schulbücher heraus. Von 1994 bis 2008 war er Vorsitzender der Gerhart-Hauptmann-Stiftung Kloster auf Hiddensee. 1999 wurde er in die Leibniz-Sozietät gewählt.

Das Werk und seine Teile sind urheberrechtlich geschützt. Jede Verwertung in anderen als den gesetzlich zugelassenen Fällen bedarf der vorherigen schriftlichen Einwilligung des Verlages.
Hinweis zu § 52 a UrhG: Die öffentliche Zugänglichmachung eines für den Unterrichtsgebrauch an Schulen bestimmten Werkes ist stets nur mit Einwilligung des Berechtigten zulässig

4. Auflage 2014
ISBN 978-3-8044-1904-9
PDF: 978-3-8044-5904-5, EPUB: 978-3-8044-6904-4
© 2003, 2011 by C. Bange Verlag, 96142 Hollfeld
Alle Rechte vorbehalten!
Titelbild: Christian Grashof und Inge Keller, Inszenierung am Deutschen Theater Berlin, 1989; © Cinetext/Henschel Theater-Archiv
Druck und Weiterverarbeitung: Tiskárna Akcent, Vimperk

INHALT

1. DAS WICHTIGSTE AUF EINEN BLICK – SCHNELLÜBERSICHT   6

2. GEORG BÜCHNER: LEBEN UND WERK[1]   10

2.1 Biografie   10
2.2 Zeitgeschichtlicher Hintergrund   16
   Die Französische Revolution von 1789   16
   Die Julirevolution von 1830
   und das Junge Deutschland   19
2.3 Angaben und Erläuterungen
   zu wesentlichen Werken   23

3. TEXTANALYSE UND -INTERPRETATION   25

3.1 Entstehung und Quellen   25
3.2 Inhaltsangabe   29
   Erster Akt   29
   Zweiter Akt   33
   Dritter Akt   35
   Vierter Akt   39
3.3 Aufbau   42
   Drama des fünften Aktes (analytisches Drama)   42
   Variation der Dreieinheit   43
   Dantons Abstieg ins Grab   45
   Der Aufstieg ins Spiel   46
   Lieder und Gespräche   47
3.4 Personenkonstellation und Charakteristiken   50
   Georg Jacques Danton (1759–1794)   51
   Maximilien de Robespierre (1758–1794)   52

Camille Desmoulins (1760–1794) _____ 52

Louis Antoine Léon de Saint Just (1767–1794) ___ 53

Marie-Jean Hérault-Séchelles (1759–1794) _____ 54

Marion _____ 54

Lucile Desmoulins (eigentlich Anne-Louise)
(1771–1794) _____ 55

Julie Danton, eigentl. Sébastienne-Louise,
geb. Gély (1777–1856) _____ 55

Volk _____ 56

Die Engführung der Personen _____ 57

3.5 Sachliche und sprachliche Erläuterungen _____ 58

3.6 Stil und Sprache _____ 97

Vokabular revolutionärer Begriffe _____ 97

Mythologische Begriffe _____ 99

Mundart und Umgangssprache _____ 101

3.7 Interpretationsansätze _____ 102

Dantons Verhalten _____ 102

Die bürgerliche Revolution _____ 103

Danton als säkularisierter Christus _____ 104

Die Rolle der Kunst _____ 104

4. REZEPTIONSGESCHICHTE 106

Erstveröffentlichung und Resonanz _____ 106

Rezeption vom deutschen Naturalismus
bis zum Ersten Weltkrieg _____ 109

Rezeption bis 1985 _____ 113

Georg-Büchner-Preis (seit 1923) _____ 116

5. MATERIALIEN 118

Widersprüchliche Reaktionen
vom Naturalismus bis 1916 118
Das Stück in der Gegenwart und in den Medien 119
Ein Tucholsky-Gedicht 121

6. PRÜFUNGSAUFGABEN MIT MUSTERLÖSUNGEN 123

LITERATUR 135

STICHWORTVERZEICHNIS 141

1. DAS WICHTIGSTE AUF EINEN BLICK – SCHNELLÜBERSICHT

Damit sich jeder Leser in diesem Band sofort zurechtfindet und das für ihn Interessante entdeckt, folgt eine Übersicht.

Im 2. Kapitel wird **Georg Büchners Leben** beschrieben und auf den **zeitgeschichtlichen Hintergrund** verwiesen:

⇨ S. 10 ff.
→ Georg Büchner lebte von **1813 bis 1837** im Großherzogtum Hessen-Darmstadt, in Straßburg und Zürich.

⇨ S. 16 ff.
→ Büchner wurde 20 Jahre nach der Hinrichtung des historischen Danton geboren. 1815 restaurierte der Wiener Kongress die vorrevolutionären Verhältnisse weitgehend. Das Junge Deutschland antwortete mit einer Revolution der Literatur, pochte auf demokratische Rechte und wurde deshalb 1835 verboten. Das Großherzogtum Hessen-Darmstadt war ein rückständiger Kleinstaat, ein Agrarland. Die sozialen Widersprüche brachen schroffer als in anderen Regionen auf.

⇨ S. 19 ff.
→ Die geschichtliche Situation zwischen den Revolutionen von 1789 und 1830 spiegelt sich in Georg Büchners *Dantons Tod*; aktuelle Ereignisse (Frankfurter Wachensturm 1833) wirken sich aus. Das Stück beschreibt soziale Probleme nach der Französischen Revolution von 1789. Gekürzt wurde es 1835 in einer Zeitschrift veröffentlicht, dann als Buch. Die Originalfassung erschien 1879; die Uraufführung fand 1902 statt.

Im 3. Kapitel wird eine Textanalyse und -interpretation angeboten.

Dantons Tod – Entstehung und Quellen:

Büchner studierte die Vorgänge der Französischen Revolution in originalen Quellen. Seine naturwissenschaftlichen Studien wirkten sich auf das Stück aus, das in kurzer Zeit 1835 entstand. Auch seine politischen Ziele und literarischen Neigungen (Shakespeare, Heine u. a.) schlugen sich nieder.

⇨ S. 25 ff.

Inhalt:

Das Stück hat vier Akte, die als analytisches Drama zu begreifen sind. Danton, einer der Führer der Französischen Revolution von 1789, will die Revolution beenden, weil er seine Ziele erreicht sieht, und genießt sein Leben, den bevorstehenden Tod ahnend. Sein Gegner wird Robespierre, der die Revolution zu ihren sozialen Zielen führen will, und deshalb alle ihm im Wege stehenden Kräfte hinrichten lässt. Ihm fallen auch Danton und seine Anhänger zum Opfer. Das Stück handelt in der Zeit der Schreckensherrschaft (la terreur), genauer von Ende März bis zum 5. April 1794.

⇨ S. 29 ff.

Personen:

Die Hauptpersonen in dem personenreichen Stück sind

⇨ S. 50 ff.

Danton:
historische Person,
lebt genussvoll, den Untergang ahnend,
Führer der Französischen Revolution,
wird auf Befehl Robespierres hingerichtet

Robespierre:
historische Person,
lebt asketisch im Dienste der Revolution,
unerbittlicher Politiker der Französischen Revolution

Desmoulins:
historische Person,
schwärmerischer junger Mann,
Anhänger Dantons,
wird mit Danton hingerichtet

Saint Just:
historische Person, Fanatiker
Anhänger Robespierres und des Terrors,
Demagoge der Revolution

Hérault-Séchelles:
historische Person,
verfasste die Konstitutionsakte,
Anhänger der Philosophie Rousseaus,
wird mit Danton hingerichtet

Marion:
Fiktive Figur,
romantisch geprägte Hetäre

Lucile Desmoulins:
historische Person,
romantisch veranlagt,
provoziert ihre Verhaftung

Julie Danton:
hat mit der historischen Person nichts zu tun,
idealisierte Partnerin Dantons,
nimmt sich das Leben

Der Stil und die Sprache Büchners:

→ Ein Vokabular revolutionärer Begriffe vereint die männlichen   ⇨ S. 97 ff.
Gestalten, da sie sich der Revolution widmen. Bei den Dantonisten werden die Gespräche mit philosophischen Begriffen
angereichert.

→ Der windschiefe Dialog ist Ausdruck gestörter Beziehungen;
der Dialog wird zwar formal geführt, hat aber kaum einen Inhalt.

→ Mythologische Begriffe weisen auf das römische Ideal einer
Republik, das die Revolutionäre sich geschaffen hatten.

→ Mundart und Umgangssprache werden gemischt, wie Elisionen und Parataxen belegen.

Vier Interpretationsansätze bieten sich an:

→ Dantons Verhalten kann mit Büchners „Fatalismusbrief"   ⇨ S. 102 ff.
erklärt werden.

→ Die bürgerliche Revolution löst feudal-aristokratische und
monarchistische Strukturen ab.

→ Danton als säkularisierter Christus geht inmitten seiner Anhänger (Jünger) in den Tod.

→ Die Rolle der Kunst wird in Gesprächen erörtert und stellt
auch die Frage, inwieweit die Wirklichkeit Spiel sein kann.

2.1 Biografie

2. GEORG BÜCHNER: LEBEN UND WERK[1]

2.1 Biografie

Georg Büchner
1813–1837,
© www.zeo.org,
Zenodot Verlags-
gesellschaft mbH

JAHR	ORT	EREIGNIS	ALTER
1813	Goddelau (Hessen-Darmstadt)	17. Oktober: Carl Georg Büchner als Sohn des Arztes Ernst B. und seiner Ehefrau Caroline B. geboren. Büchner stammt aus einer Arztfamilie.	
1816	Darmstadt	Vater wird Bezirksarzt und Großhrzl. Medizinalrat.	3
1819		Unterricht durch die Mutter bis 1820.	6
1821	Darmstadt	„Privat-Erziehungs- und Unterrichtsanstalt" (Dr. Karl Weitershausen).	8
1824	Darmstadt	Bruder Ludwig Büchner geboren (gest. 1899) (damals bekanntestes der sechs Geschwister); mit seinem Buch *Kraft und Stoff* (1855) propagiert der praktische Arzt einen mechanischen Materialismus, der im Naturalismus einflussreich war. Alle Geschwister sind überdurchschnittlich begabt.	10
1825	Darmstadt	Ostern: Aufnahme ins Gymnasium (Großherzogliches Pädagog.). Lektüre: Homer, Shakespeare, Goethe, Schiller, Jean Paul, Tieck, Herder, Heine und Volkspoesie u. a.	11
1828	Darmstadt	Zirkel von Primanern diskutiert religiöse, moralische und auch politische Fragen.	15
1829	Darmstadt	Schulrede, dabei Fichtes *Reden an die deutsche Nation* verwendet, die zur Lieblingslektüre gehören.	16

---

[1] Neben Hauschild informiert sehr übersichtlich zur Biografie: Thomas Michael Mayer: *Georg Büchner*. In: Arnold I/II, S. 357–425. – Da Büchner so spät im Jahr geboren wurde, ist in der Spalte für das Alter sein jeweils tatsächliches Lebensalter angegeben.

4 REZEPTIONS-GESCHICHTE	5 MATERIALIEN	6 PRÜFUNGS-AUFGABEN

2.1 Biografie

1830	Darmstadt	Rede zur Schulabschlussfeier über *Verteidigung des Cato von Utika*: lobt den selbstlosen Einsatz eines republikanischen Römers und versteht das durchaus aktuell.	17
1831	Darmstadt	März: Öffentliche Abiturrede. Reifezeugnis.	17
	Straßburg	Medizinstudium; Wohnung bei dem Pfarrer Jaeglé, in dessen Tochter Louise Wilhelmine (Minna) Büchner sich verliebt. Sie sind mit Büchner entfernt verwandt.	18
	Straßburg	17. November: durch seinen Studienfreund Eugen Boeckel Kontakt zur Studentenverbindung „Eugenia", die sich um elsässische Volksdichtung bemüht und Büchner zum hospes perpetuus (Dauergast) ernennt, da eigentlich nur Theologen teilnehmen dürfen. Mittelpunkt sind die Brüder Adolph und August Stöber, mit denen sich Büchner befreundet.	
1832	Straßburg	März: heimliche Verlobung Büchners mit Wilhelmine; Büchner spricht mehrfach in der „Eugenia" über die unhaltbaren gesellschaftlichen Zustände und die sozialen Widersprüche von Arm und Reich.	18
	Paris	Juni: Volksaufstand, die „Eugenia" wird politisiert: Themen ihrer Beratungen sind die Verderbtheit der deutschen Regierungen, der unnatürliche Gegensatz von Arm und Reich, eine universelle Republik, die Vereinigten Staaten von Europa, Saint-Simonismus und religiöse und soziale Erneuerung.[2]	

2   Alexis Muston: *Tagebuch. Sommer 1833.* Zit. nach: Simone Barck u.a. (Hrsg.): *Lexikon sozialistischer Literatur*, Stuttgart-Weimar: Verlag J. B. Metzler, 1994, S. 95. Vgl. auch: Poschmann, S. 289.

DANTONS TOD

| 1 SCHNELLÜBERSICHT | 2 GEORG BÜCHNER: LEBEN UND WERK | 3 TEXTANALYSE UND -INTERPRETATION |

2.1 Biografie

1833		3. April: Anlässlich des Frankfurter Wachensturms Bekenntnis zum gewaltsamen Umsturz der sozialen und gesellschaftlichen Verhältnisse, Bekanntschaft mit Saint-Simonisten.	19
	Darmstadt	Juni: Wanderung durch die Vogesen; Ende Juli: Rückkehr ins Großherzogtum, um die gesetzlich vorgeschriebenen zwei Jahre an der Landesuniversität Gießen zu studieren.	
	Gießen	31. Oktober: Immatrikulation an der Universität Gießen und besonderes Interesse für vergleichende Anatomie.	20
	Darmstadt	Nach schwerer Erkrankung (Hirnhautentzündung) Rückkehr ins Elternhaus.	
1834	Gießen	Lebenskrise: sogenannter „Fatalismusbrief"[3] an Minna; Januar: Fortsetzung des Studiums, Büchner beschäftigt sich mit der **Französischen Revolution**, lernt den „roten August" (August Becker) kennen, der ihn an den Pfarrer **Friedrich Ludwig Weidig** vermittelt. Liest Goethes *Werther*, die Romane Sternes und Jean Pauls.	20
	Gießen	Mitte März/April: Gründung der Gesellschaft der Menschenrechte (erste frühkommunistisch revolutionäre Vereinigung in Deutschland). Erarbeitet die Flugschrift *Der Hessische Landbote*, von Weidig entschärft.	
	Straßburg	Ostern: Verlobung mit Wilhelmine Jaeglé.	
	Darmstadt	Mitte April: Gründung einer Sektion der Gesellschaft der Menschenrechte.	

---

3   Während die Werkausgabe (Bergemann (Hrsg.), *Büchner: Werke und Briefe*, S. 395) diesen Brief im November 1833 vermutet, datiert ihn Poschmann (S. 290) etwa Mitte März 1834.

4 REZEPTIONS-GESCHICHTE	5 MATERIALIEN	6 PRÜFUNGS-AUFGABEN

2.1 Biografie

	Ruine Badenburg (bei Gießen)	Juli: Gründungsversammlung des „Preß-vereins" auf Betreiben Weidigs: Rahmen-programm für Flugschriften. Büchners Hinwendung zu „Proletariern" stößt auf Widerspruch.	20
	Butzbach u. a.	Nach der Verhaftung des Mitkämpfers Minnigerode bei der Verteilung des *Hessischen Landboten* warnt Büchner die Freunde auch in Mannheim und Frank-furt. Der drohenden eigenen Verhaftung entgeht er durch resolutes Auftreten und ein fingiertes Alibi.	
	Darmstadt	Büchner bereitet sich auf das Examen vor, erneut **Beschäftigung mit der Französischen Revolution.**	
	Darmstadt	Herbst: politische Arbeit in der Gesell-schaft, Waffenübungen, Vorbereitung der Befreiung Minnigerodes u. a.	21
1835	Darmstadt	Konspirative Tätigkeit, gerichtliche Vorladungen, **Arbeit an *Dantons Tod*, Manuskript an den Verleger Sauer-länder und Karl Gutzkow gesandt (er-scheint unvollständig in der Zeitschrift *Phönix*). Buchausgabe im gleichen Jahr.**	21
	Straßburg	März: Flucht vor der drohenden Verhaf-tung über die französische Grenze ins Exil. Freundschaft mit Wilhelm und Caro-line Schulz, dauert bis zu Büchners Tod.	
	Frankfurt	18. Juni: Steckbrief Büchners erscheint; übersetzt Dramen Victor Hugos.	
	Straßburg	Beginn mit der Untersuchung über das Nervensystem der Fische für die Pro-motion.	

| 1 SCHNELLÜBERSICHT | 2 GEORG BÜCHNER: LEBEN UND WERK | 3 TEXTANALYSE UND -INTERPRETATION |

2.1 Biografie

1836	Straßburg	Die Société d'histoire naturelle de Strasbourg ernennt ihn zum Mitglied, nachdem er über seine wissenschaftlichen Untersuchungen mehrfach vor ihr gesprochen hat.	22
	Straßburg	Philosophische Studien; Arbeit an *Leonce und Lena* und *Woyzeck*. Vorarbeiten zu einem Drama über *Pietro Aretino*. Besuch der Mutter und Schwester Mathilde.	
	Zürich	3. September: Die Universität Zürich verleiht Büchner die „philosophische Doktorwürde".	
	Zürich	18. Oktober: Übersiedlung nach Zürich. Probevorlesung, Privatdozent.	23
1837	Zürich	Januar: Erkrankung an Typhus.	23
	Zürich	19. Februar: Tod Büchners in seinem 24. Lebensjahr in Anwesenheit von Wilhelmine Jaeglé und zwei Tage später Beerdigung unter großer Teilnahme auf dem Friedhof am Zeltberg.	
1850	Frankfurt a. M.	**Veröffentlichung von *Dantons Tod*, hrsg. von Ludwig Büchner**	
1875	Zürich	Überführung der Gebeine auf den Friedhof am Zürichberg.	
1879	Frankfurt a. M.	***Dantons Tod* erscheint in den *Sämtlichen Werken*, hrsg. von Karl Emil Franzos, erstmals im Original.**	
1997	Goddelau	Im Geburtshaus wird ein Museum eröffnet.	

2.1 Biografie

Mit diesem Steckbrief wurde Büchner im Juni 1835 gesucht. Quelle: http://de.wikipedia.org

2493.   Steckbrief.

Der hierunter signalisirte Georg Büchner, Student der Medizin aus Darmstadt, hat sich der gerichtlichen Untersuchung seiner indicirten Theilnahme an staatsverrätherischen Handlungen durch die Entfernung aus dem Vaterlande entzogen. Man ersucht deßhalb die öffentlichen Behörden des In- und Auslandes, denselben im Betretungsfalle festnehmen und wohlverwahrt an die unterzeichnete Stelle abliefern zu lassen.

Darmstadt, den 13. Juni 1835.

Der von Großh. Hess. Hofgericht der Provinz Oberhessen bestellte Untersuchungs-Richter, Hofgerichtsrath

Georgi.

Personal-Beschreibung.

Alter: 21 Jahre,
Größe: 6 Schuh, 9 Zoll neuen Hessischen Maaßes,
Haare: blond,
Stirne: sehr gewölbt,
Augenbraunen: blond,
Augen: grau,
Nase: stark,
Mund: klein,
Bart: blond,
Kinn: rund,
Angesicht: oval,
Gesichtsfarbe: frisch,
Statur: kräftig, schlank,
Besondere Kennzeichen: Kurzsichtigkeit.

2.2 Zeitgeschichtlicher Hintergrund

**ZUSAMMEN-
FASSUNG**

Übergreifende Vorgänge von 1775 bis 1830:
→ Revolutionäre Bewegungen von der Französischen Revolution von 1789 bis zur französischen Julirevolution 1830
→ Philosophisch und geistesgeschichtlich: Befreiung des individuellen und gesellschaftlichen Denkens von religiösen Dogmen, beginnend mit der Aufklärung bis zum „Ende der Kunstperiode" (Heine) mit Goethes Tod 1832
→ Unabhängigkeitskampf in Nordamerika 1775

Wichtig für Büchners Geburtsjahr 1813 und die folgenden Jahre:
→ 1813 fand die Völkerschlacht bei Leipzig statt.
→ 1815: Wiener Kongress restaurierte die Verhältnisse vor der Französischen Revolution von 1789 weitgehend.
→ Das Junge Deutschland wurde 1835 verboten.
→ Die industrielle Revolution, die Kapitalisierung der Wirtschaft und die Entwicklung samt Organisation des Proletariats veränderten die Gesellschaft.

Die Französische Revolution von 1789

1789: Französische Revolution
1814/1815: Wiener Kongress

Für Büchners Drama sind insbesondere die **Französische Revolution von 1789** und die Zeit nach dem Wiener Kongress 1815 von Bedeutung, in der die vorrevolutionären Verhältnisse weitgehend restauriert wurden. 1740 begannen sich in Frankreich mit der Industrialisierung die Seidenweber in Lyon zu organisieren, im Norden die Bergwerks- und Hüttenarbeiter. Die Unruhen von 1744 gingen als erster proletarischer Aufstand in die Geschichte der

2.2 Zeitgeschichtlicher Hintergrund

Klassenkämpfe ein. Die Geldwirtschaft mit ihren Börsenspekulanten fegte alte Werte, auch aristokratische Traditionen, hinweg. König Ludwig XVI. rief die Generalstände ein, um über den drohenden Staatsbankrott mit ihnen zu sprechen. Der dritte Stand erklärte sich zum alleinigen Vertreter der Nation und strebte nach einer Verfassung. Am 14. Juli 1789 (heute: Nationalfeiertag) wurde das Staatsgefängnis (Bastille) durch die Pariser Bevölkerung erstürmt. Als die Jakobiner 1793 eine revolutionäre Diktatur errichteten, um die Revolution weiterzutreiben, vernachlässigten sie die sozialen Probleme der Massen. „Fortan begleiteten die Massenchöre des Hungers den Gang der Revolution."[4] Es begann eine **zweite Phase der Revolution, die Selbstvernichtung**. Die Jakobiner glaubten, mit der Beseitigung extremer Flügel der Revolutionäre 1794, der radikalen Hébertisten und der gemäßigten Dantonisten, vom sozialen Widerspruch abzulenken, lösten sich aber dadurch von den Massen und wurden im gleichen Jahr auch gestürzt. 1795 übernahm ein fünfköpfiges Direktorium des Bürgertums die Macht. Die plebejischen Volkskräfte mit dem sich entwickelnden Proletariat waren abgedrängt worden. 1799 festigte Napoleon Bonaparte diese Macht, indem er das Direktorium stürzte und sich an dessen Stelle setzte. Die Französische Revolution war die bedeutendste Revolution des aufstrebenden Bürgertums, geistig vorbereitet durch die Aufklärung und bis heute aktuell.

Höhepunkt:
Erstürmung
des Staats-
gefängnisses

---

4   Wendel, S. 259.

Wichtige historische Daten zur Französischen Revolution

10. August 1792	Erstürmung der Tuilerien, Absetzung des Königs, Konvent wird einberufen, Danton wird Justizminister und ist beteiligt am Sieg über das Königtum.
26.–28. August 1792	Ehrenbürgerschaft für Klopstock, Campe und Friedrich Schiller.
2.–6. September 1792	Septembrisaden (ca. 1.400 Hinrichtungen von Verdächtigen).
20. September 1792	Kanonade von Valmy: Sieg über die Koalitionsarmee der Könige.
25. September 1792	Ausrufung der Republik.
21. Januar 1793	Hinrichtung König Ludwigs XVI. Danton erklärt, „den Königen einen Königskopf als Fehdehandschuh hingeworfen" zu haben (HL 46, 25 f./R 58, 19 f.).
10. März 1793	Einsetzung des Revolutionstribunals.
6. April 1793	Bildung des Wohlfahrtsausschusses, des eigentlichen Machtzentrums Frankreichs.
31. Mai– 2. Juni 1793	Sturz der Gironde.
10. Juli 1793	Danton scheidet aus dem Wohlfahrtsausschuss aus.
13. Juli 1793	Ermordung Marats.
16. Juli 1793	Hinrichtung Chaliers durch die Aufrührer in Lyon.
17. September 1793	Beginn der Schreckensherrschaft (la terreur).
10. November 1793	„Fest der Freiheit und der Vernunft" in Notre Dame, Kirchenzerstörungen.
5. Dezember 1793	Camille Desmoulin: *Le Vieux Cordelier*, Nr. 1, unterstützt Danton.
24. März 1794	**Hinrichtung der Hébertisten.**

4 REZEPTIONS-GESCHICHTE	5 MATERIALIEN	6 PRÜFUNGS-AUFGABEN

2.2   Zeitgeschichtlicher Hintergrund

Handlungszeit des Dramas

31. März 1794	Verhaftung Dantons und seiner Freunde.
5. April 1794	Hinrichtung der Dantonisten.
27. Juli 1794 (9. Thermidor)	Entmachtung Robespierres durch konterrevolutionären Umsturz.
28./29. Juli 1794	Hinrichtung Robespierres und seiner Anhänger.

Die Julirevolution von 1830 und das Junge Deutschland

Die Erinnerung an die Französische Revolution war zu Büchners Zeit durch die Julirevolution von 1830 aktuell geworden. Georg Büchner wies die Vorstellungen des Jungen Deutschland, mit Literatur die gesellschaftlichen Verhältnisse ändern zu wollen, entschieden zurück. An Karl Gutzkow, einen der Führer des Jungen Deutschland, schrieb er 1836, er glaube, dass Gutzkow und seine Freunde „nicht gerade den klügsten Weg gegangen" wären:

> „Die Gesellschaft mittels der Idee, von der gebildeten Klasse aus reformieren? Unmöglich! Unsere Zeit ist rein materiell; wären Sie je direkter politisch zu Werke gegangen, so wären Sie bald auf den Punkt gekommen, wo die Reform von selbst aufgehört hätte."[5]

Büchner glaubte nicht an die Reform durch Literatur

Büchners Wahl des Adressaten Gutzkow war programmatisch: Gutzkow war als Kritiker und Autor zwischen 1833 und 1839 publizistisch aktiv. Büchner drängte nach politischer Argumentation, Anleitung zum Kampf und nach dem Kampf selbst; doch scheiterte dieser Weg und Büchner wusste es. Heinrich Heine hatte vom Ende

---

5   Bergemann (Hrsg.), *Büchner: Werke und Briefe*, S. 434.

| 1 SCHNELLÜBERSICHT | 2 GEORG BÜCHNER: LEBEN UND WERK | 3 TEXTANALYSE UND -INTERPRETATION |

2.2 Zeitgeschichtlicher Hintergrund

der „Kunstperiode", womit vor allem die Periode Goethe gemeint war, gesprochen, der eine „politische Periode" folgen werde.[6] Ähnliche Ideen Büchners und Heines finden sich in Entsprechungen zwischen Heines *Salon* und Büchners Drama.[7] Ergänzungen trug Büchner nach dem Erscheinen von Heines *Salon* (2. Bd.) in das Manuskript ein.

Büchner sah nach der Julirevolution 1830 den Gegensatz von „Liberalen und Absolutisten", in die sich die „ganze Revolution" gespalten habe.[8] Das entsprach den Diskussionen nach 1830 um eine Verfassung auf der Grundlage der konstitutionellen Verfassung von 1791 oder der Jakobinerdiktatur von 1793. Das wiederum war der Widerspruch zwischen Girondisten, Dantonisten und Jakobinern in Büchners *Dantons Tod*, historisches Drama und aktuelles Zeitstück. Dieser Zusammenhang bestimmte die zeitgenössischen Überlegungen zum Drama von Julius Mosen über Karl Gutzkow bis zu Hermann Hettners Schrift *Das moderne Drama* (1852), in der *Dantons Tod* bereits seinen Platz fand.

1813: Geburtsjahr Büchners

Das **Geburtsjahr** Georg Büchners 1813 ist auch das Geburtsjahr Friedrich Hebbels, Otto Ludwigs, Richard Wagners, Giuseppe Verdis, Sören Kierkegaards[9] und des Dichters des Epos *Dreizehnlinden*, Friedrich Wilhelm Weber. Die Gegensätzlichkeit von gleichzeitigen Kunstauffassungen – Büchner als Radikaldemokrat und F. W. Weber als konservativer Dichter – wird an dieser summierenden Reihe deutlich. Georg Büchners **Geburtstag** am 17. Oktober fällt in die Zeit der Völkerschlacht bei Leipzig, die die Welt ver-

Völkerschlacht bei Leipzig

---

6   Heinrich Heine: *Die Romantische Schule*. In: Werke. Bd. 5, Leipzig: Bibliographisches Institut, o. J., S. 254, s. a.: *Französische Zustände*. ebd., S. 91 ff.
7   Vgl. T. M. Mayer: *Büchner-Chronik*, S. 391.
8   Bergemann (Hrsg.), *Büchner: Werke und Briefe*, S. 418.
9   Mehrfach wurde Büchners Satire mit Kierkegaards Philosophie, „etwa gleichzeitig" entstanden, verglichen (Dedner 2001, S. 140). Es bestehen aber gravierende zeitliche Unterschiede: Die ersten Werke Kierkegaards (ab 1843) erschienen nach Büchners Tod. K.s erste bekannte Aufzeichnung stammt von 1834 und ist eine Tagebucheintragung.

änderte. Die napoleonische Herrschaft über Europa war zu Ende. Der Wiener Kongress 1815 restaurierte die überholten **Machtverhältnisse**. Das bedeutete weitere territoriale Zerrissenheit. Im Kampf gegen die Fremdherrschaft hatte sich aber eine patriotische Kraft entwickelt, die sich nicht verdrängen ließ. Die mit Napoleon eingedrungenen bürgerlichen Rechte – die Einführung des *Code civil* – und der industrielle Fortschritt in den Rheinbundstaaten blieben erhalten; in England hatte sich um 1760 eine maschinell betriebene Baumwollspinnerei entwickelt und führte zum explosiv wachsenden Handel. Aus der Landwirtschaft waren Arbeitskräfte frei geworden, die sich in diesen Betrieben verdingten und so zur Kapitalisierung der Industrie führten. In der Bildung waren in Deutschland Neuhumanismus und Naturwissenschaften an die Seite der klassischen Fächer getreten, wissenschaftliche und soziale Interessen der Schüler entwickelten sich. Insofern wurde die **Julirevolution 1830** für Menschen wie Georg Büchner die Fortsetzung des Kampfes um bürgerliche Rechte und Freiheiten. Der Frankfurter Wachensturm 1833 schien die Erwartungen an eine revolutionäre Bewegung zu bestätigen; als sie ausblieb, entstand Büchners sogenannter „Fatalismusbrief". Die Geschichte erschien ihm als „ein ehernes Gesetz"[10] – ein Fatum –, das man erkennen, nicht aber beherrschen könne. Obwohl subjektiv davon beeindruckt, war er objektiv politisch aktiv und strebte Veränderungen an. Büchners Fatalismus-Auffassung ist auch als ein Protest gegen die scheinbar absolute Freiheitsvorstellung zu sehen, wie sie der deutsche Idealismus, in der Form der absoluten Willensfreiheit bei Fichte, verbreitete. Durch Büchners Konzept wurde deutlich, dass Freiheit, Notwendigkeit und Fremdbestimmung abhängig sind von der sozialen Situation des Individuums, der Schichten und Klas-

Julirevolution 1830

„Fatalismusbrief"

―――

10 Bergemann (Hrsg.), *Büchner: Werke und Briefe*, S. 395

2.2 Zeitgeschichtlicher Hintergrund

sen. Auch andere Schriftsteller erlebten in dieser Zeit die Enttäuschung der ausbleibenden Revolution, unter ihnen Fritz Reuter (1810–1874). Aber weder Büchner noch Reuter gaben deshalb ihre grundsätzliche Hoffnung auf revolutionäre Veränderungen auf.

Georg Büchners Schriften

Georg Büchners Schriften galten als unsittlich und mit dem Jungen Deutschland, zu dem er nicht gerechnet werden wollte[11], geriet er in Verruf. Seine **radikalen Ansichten**, radikaler als die des Jungen Deutschland und als die Heinrich Heines, forderten die Fokussierung auf das unterdrückte Volk und die sozialen Widersprüche. Am 10. Dezember 1835 verbot der Deutsche Bundestag die Schriften des Jungen Deutschland.

---

11 „Übrigens gehöre ich für meine Person keineswegs zu dem so genannten Jungen Deutschland, der literarischen Partei Gutzkows und Heines." Brief an die Familie vom 1. Januar 1836. In: Bergemann (Hrsg.), *Büchner: Werke und Briefe*, S. 430.

2.3 Angaben und Erläuterungen zu wesentlichen Werken

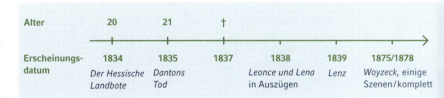

In Büchners Erstlingswerk *Dantons Tod* wurde eine poetisch-dramatische Kraft sichtbar, für die es zuvor kaum Andeutungen gegeben hatte, obwohl Büchner geschrieben und sich mit dem *Hessischen Landboten*, einer Flugschrift von acht Seiten in hohem Oktavformat, als rhetorischer Publizist bewiesen hatte:

> „Der Danton ist ungeheuerliche Eruption, endlicher Ausbruch künstlerischer, dichterischer Gestaltungskraft, und nur ein zutiefst aufrüttelndes seelisches und intellektuelles Erlebnis konnte die Schleusen öffnen."[12]

Büchners naturwissenschaftliche und philosophische Studien wirkten sich deutlich auf die Gespräche des Stückes aus. Die auch nach der Französischen Revolution ungelösten sozialen Probleme hatte er bei der Arbeit an *Der Hessische Landbote* zugespitzt kennengelernt. Die Texte Büchners sind zu Lebzeiten kaum bekannt geworden:

---

12 Mayer 1960, S. 184.

| 1 SCHNELLÜBERSICHT | 2 GEORG BÜCHNER: LEBEN UND WERK | 3 TEXTANALYSE UND -INTERPRETATION |

2.3 Angaben und Erläuterungen zu wesentlichen Werken

JAHR	WERK	VERÖFFENTLICHUNG
1834	*Der Hessische Landbote* (Flugschrift)	Juli und November 1834; soziale Fragen in *Dantons Tod* aufgenommen
1835	*Dantons Tod*	**26. März – 7. April**
1835	Victor Hugo: *Lucretia Borgia / Maria Tudor* (Übersetzungen)	
1835	*Lenz*	Januar 1839
1836	*Leonce und Lena*	in Auszügen Mai 1838; 1850
1836	*Woyzeck*	1878, einige Szenen 1875

| 4 REZEPTIONS-GESCHICHTE | 5 MATERIALIEN | 6 PRÜFUNGS-AUFGABEN |

3.1 Entstehung und Quellen

3. TEXTANALYSE UND -INTERPRETATION

3.1 Entstehung und Quellen

ZUSAMMEN-FASSUNG

Georg Büchner studierte seit 1833 die Französische Revolution von 1789 in originalen Quellen. Seine naturwissenschaftlichen Studien wirkten sich ebenso auf das Stück wie auf seine politischen Ziele und literarischen Neigungen (Shakespeare, Heine u.a.) aus. Mit der endgültigen Reinschrift von *Dantons Tod* begann Büchner im Januar 1835. Das Werk erschien um wesentliche Sätze und Wörter verkürzt 1835 als „Ruine einer Verwüstung" (Gutzkow).

Zu *Dantons Tod* hat es bereits im Jahr 1833 Studien gegeben; die intensivste Arbeit fand zu Beginn des Jahres 1835 statt. Die Entstehung hat Karl Emil Franzos ausführlich beschrieben.[13] Auslösend waren möglicherweise Revolutionsdramen.[14] Büchner schickte das Manuskript am 21. Februar 1835 an den Verleger Johann David Sauerländer (1789–1869) und an Gutzkow: „Über das Werk selbst kann ich Ihnen nichts weiter sagen, als dass unglückliche Verhältnisse mich zwangen, es in höchstens fünf Wochen zu schreiben. Ich sage dies, um Ihr Urteil über den Verfasser, nicht über das Drama an und für sich zu motivieren."[15] Am 9. März 1835 verließ er die Heimat und ging nach Straßburg ins Exil.

1833: Beginn der Studien zu *Dantons Tod*

1835: Manuskriptversand an Sauerländer

---

13 Vgl. Einleitung zu Georg Büchners *Sämtliche Werke und handschriftlicher Nachlass.* Erste kritische Gesamtausgabe. Eingeleitet und herausgegeben von Karl Emil Franzos. Frankfurt am Main: Sauerländer, 1879, S. CLIII ff.

14 Hauschild (S. 423f.) verweist auf Fredrich Seybolds *Der Tod Ludwigs XVI. Historische Szenen* (1834) und Charles Nodiers *Le dernier banquet des Girondins* (1833).

15 Bergemann (Hrsg.), *Büchner: Werke und Briefe,* S. 411.

3.1 Entstehung und Quellen

Im Oktober 1834 hatte er aus der Großherzoglichen Bibliothek in Darmstadt Thiers *Geschichte der Französischen Revolution* ausgeliehen, zum Jahreswechsel entlieh er aus der Hofbibliothek weitere Werke, „die er jetzt sicher zielstrebig für sein geplantes Drama exerpiert"[16]. Im Januar wurde er vom Kriminalgericht in Offenbach vorgeladen. Für eine Flucht war Geld notwendig, das vom Vater nicht zu erwarten war. Das Drama schien eine Gelegenheit zu sein. Während der Vater ihn bei anatomischen Präparaten und Examensvorbereitung glaubte, schrieb Büchner am Seziertisch sein Werk und verbarg das Manuskript vor dem Vater unter anatomischen Tafeln.

Gutzkow berichtete über die erste Wirkung des Stückmanuskriptes, das er Freunden und Verlegern, aber auch Gegnern bei einer Lesung „zumutete":

Erste Wirkung
des Stücks

„Am selben Tage hatte mir ein Flüchtling, ein Gießener Student, Georg Büchner, aus Straßburg ein Manuskript geschickt. Es war jenes an witzigen (geistvollen, R. B.) Einfällen und charakteristisch wiedergegebenen Momenten der französischen Revolution beachtenswerte Drama: ,Dantons Tod'. Der gleichfalls anwesende Buchhändler J. D. Sauerländer erbot sich sofort, es zu verlegen, und schickte dem von allen Mitteln entblößten, von seinem Vater zur Strafe für seine politische Gesinnung sich selbst überlassenen jungen Mann, der später in Zürich ein viel versprechender Physiolog wurde und allzu frühe starb, hundert Gulden als Honorar."[17]

---

16 Mayer: *Büchner-Chronik*, S. 389.
17 Karl Gutzkow: *Rückblicke auf mein Leben*. In: Werke. Hrsg. von Peter Müller. Leipzig und Wien: Bibliographisches Institut, o. J., Bd. 4, S. 177.

4 REZEPTIONS-GESCHICHTE	5 MATERIALIEN	6 PRÜFUNGS-AUFGABEN

3.1 Entstehung und Quellen

Gutzkow beseitigte die den Verleger störenden Zwei- und „ganz grellen und nur auf Eines bezüglichen Eindeutigkeiten"[18]. Das betraf sittlich-erotische Begriffe und Metaphern, meinte aber auch Blasphemisches. Die Eingriffe führten Gutzkow zu der selbstkritischen Einschätzung, der echte *Danton* sei „nicht erschienen", nur „ein notdürftiger Rest, die Ruine einer Verwüstung, die mich Überwindung genug gekostet hat"[19]. Die Schutz- und Werbebezeichnung als *Dramatische Bilder aus Frankreichs Schreckensherrschaft* wurde von Büchner missbilligt.

Entschärfung durch Gutzkow

Büchner benutzte drei Quellen: die historischen Dokumente, poetische Literatur und seine Erfahrungen mit der Gegenwart, die aus seiner revolutionären Tätigkeit mit *Der Hessische Landbote* entstanden waren. Insofern bedeutete das Stück auch eine neue Qualität in der Auseinandersetzung mit der revolutionären Theorie und Praxis. Er las **originale Dokumente**[20], schöne Literatur, darunter den französischen Romantiker Jean Charles Emanuel Nodier (1780–1844), den er durch Heines *Romantische Schule* kennenlernen konnte, ging jedoch frei mit den Quellen um: Historische Sätze werden im Stück auch von anderen als den ursprünglichen Personen gesprochen, Passagen auf mehrere Personen aufgeteilt. Die Verarbeitung der historischen Quellen, die mit Büchners Text verglichen wurden[21], geschah unter dem Aspekt, der revolutionsfeindlichen Geschichtsschreibung mit einem differenzierten revolutionären Material zu begegnen.

Quellen Büchners

--- ---

18 Brief Gutzkows an Büchner vom 3. März 1835. In: Bergemann (Hrsg.), *Werke und Briefe*, S. 547.
19 Karl Gutzkow: *Georg Büchner*. In: Werke. Hrsg. von Peter Müller. Leipzig und Wien: Bibliographisches Institut, o. J., Bd. 4, S. 122
20 Sie sind mehrfach detailliert aufgelistet worden. Eine instruktive Auswahl bietet Jansen, S. 77–85.
21 Vgl. Georg Büchner. *Danton's Tod. Ein Drama*. Hrsg. von Thomas Michael Mayer. Programmbuch zur Inszenierung am Frankfurter Schauspiel. Sonderdruck für die Mitglieder der Georg Büchner Gesellschaft, Marburg 1980. Dort werden die Quellen im Text Büchners dokumentiert.

DANTONS TOD

3.1 Entstehung und Quellen

Daneben wurden literarische Zitate nachgewiesen: Büchners gründliches Schulwissen wirkte sich aus. Dazu gehören u. a. Texte Johann Gottfried Seumes, Goethes und anderer. Seine zeitweise Begeisterung für Ludwig Tieck hinterließ Spuren – vor allem in *Leonce und Lena*; Tieck wurde nicht mehr genannt, seit Büchner sich von der Romantik abgewendet hatte. Aus Heines *Zur Geschichte der Religion und Philosophie in Deutschland* (1835) nahm Büchner saint-simonistische Gedankengänge auf, die Camille in die Formulierung vom „göttliche(n) Epikur" und der „Venus mit dem schönen Hintern" (HL 7, 20 f./R 8, 7 f.) bringt. Volksszenen lassen sich auf Shakespeare zurückführen: Simon (1. Akt, 2. Szene) nennt *Hamlet* (HL 11, 26 f./R 13, 18 f., vgl. dazu Shakespeares *Hamlet*, 5. Akt, 2. Szene) und ist dramaturgisch Shakespeares kommentierenden Figuren der Art Thersites (*Troilus und Cressida*) verwandt – er trägt allerdings auch Züge des Räsoneurs –, die Szenen an der Conciergerie (4. Akt, 4. Szene) und auf dem Revolutionsplatz (4. Akt, 9. Szene) ähneln der Totengräberszene aus *Hamlet*. Aber auch *Heinrich VI.* (in: 1. Akt, 2. Szene), *Coriolan* und *Julius Caesar* (in: 3. Akt, 10. Szene), schließlich *Macbeth* (in Robespierres blutigen Visionen 1. Akt, 6. Szene und Dantons Angstträumen 2. Akt, 5. Szene) können mitgedacht werden. Eine Beeinflussung durch Büchners Zeitgenossen Grabbe und dessen *Napoleon* (1831) wurde angenommen.[22] Nicht zuletzt wurden Zitate aus Büchners Briefen, wie dem „Fatalismusbrief", wörtlich verwendet.

---

22 Paul Landau: *Dantons Tod*. In: Martens, S. 17 f.

3.2 Inhaltsangabe

ZUSAMMEN-
FASSUNG

Bei *Dantons Tod* handelt es sich um ein vieraktiges analytisches Drama, in dem die Revolutionäre um Danton, die bisher alle Gegner blutig vernichteten, nun selbst hingerichtet werden. Danton, einer der Führer der Französischen Revolution von 1789, glaubt nicht mehr an die Revolution, weil sie die entscheidenden sozialen Probleme nicht zu lösen vermag, und genießt sein Leben, den bevorstehenden Tod ahnend. Sein Gegner wird Robespierre, der die Revolution weiterführen will und alle ihm im Wege stehenden Kräfte hinrichten lässt. Ihm fallen auch Danton und seine Anhänger zum Opfer. Das Stück handelt in der Schreckensherrschaft (la terreur) vom 24. März bis zum 5. April 1794.

Erster Akt
Die Dantonisten wollen die Revolution in eine Republik überführen; Danton zweifelt am Erfolg, zumal die Revolution die sozialen Fragen nicht gelöst hat, und sucht Sinnengenuss. Robespierre kündigt die Vernichtung der Feinde der Revolution an; Danton und Robespierre, einst Verbündete, werden Gegner.

Erste Szene

Anzügliche
Gesellschaft
um Danton

Danton kommentiert seiner Frau Julie das Geschehen im Spielsalon und macht dabei anzügliche sexuelle Bemerkungen, die in der Gesellschaft üblich scheinen, denn andere folgen. Julie will von Danton ein Liebesgeständnis erzwingen. Er erschreckt sie mit seiner Feststellung, er liebe sie wie das Grab (HL 5, 24/R 5, 30). Camille Desmoulins und Phillipeau bringen die Nachricht, dass

3.2 Inhaltsangabe

weitere 20 Hébertisten hingerichtet wurden. Die Nachricht macht Sorgen. Umso dringlicher erörtern die Dantonisten ihr Vorhaben, aus der Revolution zur Republik, aus dem Kampf zur Gesetzlichkeit, aus dem Mord zur Liebe zu finden. Camille entwickelt seine saint-simonistische Staatstheorie. Danton soll im Nationalkonvent entsprechende Vorschläge machen, doch der sieht keine Partner, rettet sich in Sprachspiele und prophezeit ihren Untergang.

Nebenhandlung um Simon

Zweite Szene

Auf der Gasse prügelt der betrunkene Souffleur Simon seine Frau. Dabei zitiert er die dramatische Literatur von Shakespeare bis Lessing – auf dessen *Emilia Galotti* weisen Virginia (HL 8, 26/R 9, 28) und Lucretia (HL 9, 18/R 10, 25). Die Frau habe die Tochter veranlasst, als Hure die Eltern zu ernähren. Aus dem Streit wird eine Massenszene. Das plebejische Volk, das die Revolution bisher mitgetragen hat, hatte keinerlei Vorteil und ist materiell verelendet. Simon sieht keine Besserung und fordert weiteres Blutvergießen („Totgeschlagen, wer kein Loch im Rock hat." HL 9, 42 f./R 11, 14 f.). Die Situation droht zu kippen. Ein junger Mann, durch ein Taschentuch als Aristokrat verdächtig, wird im letzten Augenblick vorm Aufhängen verschont. Robespierre kommt hinzu und kanalisiert die Mordlust des Volkes, indem er es mit zu den Jakobinern nimmt. – Simon und seine Frau bleiben versöhnt zurück.

Blutige Revolution

Dritte Szene

Ein Lyoner Bürger klagt im Jakobinerklub über zu wenige Hinrichtungen: „Eure Barmherzigkeit mordet die Revolution." (HL 12, 4 f./R 14, 4 f.). Andere Beispiele für die schwächelnde Revolution werden von Legendre vorgetragen: Die Gegner der Revolution forderten bereits, die Märtyrer der Revolution Marat (ermordet) und Chalier (von der Gegenrevolution hingerichtet) nochmals zu töten, in Abwesenheit zu guillotinieren. Robespierre hält eine Rede, in der er die Feinde der Revolution und der Jakobiner nennt und ihre Vernichtung ankündigt. Das Laster als der „feinste, gefährlichste und abscheulichste Angriff auf die Freiheit" (HL 14, 7 f./R 16, 29 f.) lenkt den Blick auf Danton und seine Anhänger. Ohne sie zu nennen, beschreibt er sie deutlich: „... der Lasterhafte ist der politische Feind der Freiheit, er ist ihr umso gefährlicher je größer die Dienste sind, die er ihr scheinbar erwiesen" (HL 14, 10 ff./R 16, 33 ff.) und malt das „große Beispiel" (HL 15, 1/R 17, 33 f.) eines Blutbades an die Wand.

Vierte Szene

Lacroix legt Legendre dar, dass er Robespierre den Weg zu weiteren Hinrichtungen gewiesen und Danton in Gefahr gebracht habe. Danton aber ist bei den Grisetten (Näherinnen, leichte Mädchen) und sucht sich die schönste Frau „stückweise" (HL 15, 33/R 18, 32) zusammen.

Fünfte Szene

Danton ist bei der Grisette Marion. Die liebt höchstmöglichen Sinnengenuss und betrachtet das als natürlich. Danton ist gleicher Meinung. – Lacroix ergötzt sich mit zwei Grisetten an frivolen erotischen Späßen. Er erzählt Danton von seinem Besuch bei den Jakobinern. Dantons Freund Paris, der inzwischen bei Robespierre war, berichtet von dessen Drohungen gegen Nächststehende. Zwar meint Danton, er sei zu bekannt, um bedroht zu werden, aber Lacroix, der den Lebenswandel der Dantonisten selbstkritisch erkennt („Und außerdem Danton, sind wir lasterhaft.", HL 19, 42/R 24, 4) warnt ihn, denn Robespierre und das Volk seien „tugendhaft" (HL 20, 1 f./R 24, 15 f.). Danton entschließt sich, das Gespräch mit Robespierre zu suchen.

Lasterhaftigkeit der Dantonisten

Danton und
Robespierre

Sechste Szene

Danton und Robespierre haben unterschiedliche Vorstellungen vom politischen Wirken: Für Robespierre ist die Revolution weiterhin notwendig („Die soziale Revolution ist noch nicht fertig", HL 20, 36/R 25, 10; hier wendet Robespierre einen Begriff des 19. Jahrhunderts an), Danton will das Töten beenden. Robespierre lobt die Tugend, Danton hält ihn für „empörend rechtschaffen" (HL 21, 9/R 25, 22). Danton lebt im Laster und fühlt sich wohl, für Robespierre ist das „Hochverrat". Erneut variiert Danton den Fatalismus-Gedanken durch den Hinweis auf Fremdbestimmung: „Ist denn nichts in dir, was dir nicht manchmal ganz leise, heimlich sagte, du lügst, du lügst!" (HL 21, 13 f./R 25, 27 f.) Ein letztes Mal will Robespierre Danton zur gemeinsamen Tat überreden. Aber Danton hat seinen Rückzug von der Revolution eingeleitet („die Revolution ist wie Saturn, sie frisst ihre eignen Kinder", HL 19, 26 f./R 23, 21 f.). Robespierre variiert Dantons Satz über das Verhältnis von Determination und freier Entscheidung: „Ich weiß nicht, was in mir das andere belügt." (HL 22, 32/R 27, 27 f.) Die Zweifel werden durch St. Just verdrängt, der Robespierre einen Schmähartikel von Camille zu lesen gibt und so die Zustimmung zur Anklage der Dantonisten erwirkt. Robespierre bekennt sich, ein „Blutmessias" (HL 23, 41/R 29, 10) zu sein, doch er fühlt sich quälend einsam.

3.2 Inhaltsangabe

Zweiter Akt

Danton ist müde, sieht sich durch seinen Ruhm geschützt. Die Bürger stellen sich auf die neue Herrschaft mit Namen und Begriffen ein, dazu gehören auch neue Frivolitäten. Danton erfährt von seiner geplanten Verhaftung, erinnert sich seiner Taten – die er bestätigt – und wird von Bürgern verhaftet. Robespierre verteidigt die Entscheidung im Konvent.

Erste Szene

Die Freunde drängen Danton zur Verteidigung, der allerdings fühlt sich als ein Sterbender. Auch sieht er ironischerweise außer den „Huren" keine Verbündeten mehr. Er selbst ist des Kampfes überdrüssig („Ich hab es satt", HL 26, 10/R 32, 24) und hofft, dass man ihn nicht verhaften wird.

Mangel an Verbündeten

Zweite Szene

Das Volk ergeht sich, satirisch dargestellt, beim Spaziergang. (Die Existenz eines heiteren, farbigen und bewegten Paris, trotz Revolution und Hunger, ist verbürgt.[23]) Man hat Schwierigkeiten mit republikanischen Gepflogenheiten, neuen Namen (die französische Jacqueline wird durch die römische Cornelia – die Feste – ersetzt), Anreden („Bürger") und dem Verhältnis zur Republik. Die Szene wird insgesamt von erotisch-sexueller Spannung bestimmt. Danton, als er kommt, spürt sie: „Es ist als brüte die Sonne Unzucht aus." (HL 29, 2/R 36, 10 f.) Er sieht sich in seinen Ansichten bestärkt, eigentlich müssten sich Menschen und Welt gegenseitig auslachen.

---

23 Wendel, S. 258.

Dritte Szene

Camille lehnt als Kunstkritiker idealistische Kunst – wie Büchner – ab. Seine Ansichten sind antiaristotelisch und antiklassizistisch. Während des Kunstgesprächs erfährt Danton, dass der Wohlfahrtsausschuss seine Verhaftung beschlossen hat. Er lehnt jede Aktion ab. Lucile drängt Camille, Robespierre aufzusuchen, mit dem er die Schule besucht hat.

Vierte Szene

„Sie werden's nicht wagen" (HL 32/26 f./ R. 40, 33)

Danton legt Rechenschaft über seine Todesbereitschaft ab. Während er seinem Gedächtnis Dauer wünscht, ist er für den Tod bereit, meint aber immer noch, „sie werden's nicht wagen" (HL 32, 26 f./R 40, 33).

Fünfte Szene

Wie in einem Albtraum erinnert sich Danton der Septembermorde (s. S. 18 dieser Erläuterung), die er duldete. Er rechtfertigt sich mit der Bedrohung, die er bekämpft habe („wir oder sie" HL 34, 7/R 42, 28). Er wird von seiner Frau Julie unterstützt, die ihn an den Vormarsch der Könige (von Preußen, Österreich, England, Neapel, Sardinien und Spanien) 1792 erinnert: „... noch vierzig Stunden von Paris" (HL 34, 1/R 42, 22). Um das Vaterland zu retten und einen Zwei-Fronten-Krieg zu vermeiden, mussten die inneren Feinde vernichtet werden.

Sechste Szene

Verhaftung Dantons

Bürgersoldaten, angeführt vom Souffleur Simon, dringen in Dantons Haus, um ihn zu verhaften. Zuvor ergehen sie sich in zotigen, unpolitischen Gesprächen und Anspielungen, auch auf ihre unbefriedigende soziale Lage.

Siebte Szene

Im Konvent prallen die Meinungen aufeinander. Die Verhaftung Dantons, von Robespierre verteidigt, führt zu Tumulten. Er gesteht Danton keine Privilegien zu, hätten doch alle zuvor Verurteilten auch keine gehabt. St. Just begründet Robespierres Vorschlag mit den Gesetzen der Natur: „Soll eine Idee nicht ebenso gut wie ein Gesetz der Physik, vernichten dürfen, was sich ihr widersetzt?" (HL 37, 41 ff./R 47, 32 ff.). Er verkündet die unbegrenzte Vernichtung der Feinde der Revolution; die Menschheit werde sich aus dem „Blutkessel" (HL 38, 39/R 49, 2) mit „urkräftigen Gliedern" (HL 38, 40/R 49, 3) erheben.

Dritter Akt

Im Gefängnis führen die Insassen philosophische Gespräche. Mit dem Eintritt der Dantonisten verschärfen sich die Auseinandersetzungen. Sie erleben im Gefängnis erschütternde Situationen, die Folgen ihrer Politik sind. Der angeklagte Danton kann vor Gericht die Stimmung zu seinen Gunsten wandeln; ein Befreiungsversuch wird vorbereitet und der Wohlfahrtsausschuss drängt auf ein schnelles Ende des Prozesses, denn Danton gewinnt zeitweise Zustimmung.

Erste Szene

Im Gefängnis erklärt Payne dem Mitgefangenen Chaumette, bisher Prokurator des Gemeinderats von Paris, dass es keinen Gott geben kann. Der zu dieser Zeit berühmte Schriftsteller Mercier (*Tableau de Paris*) zwingt ihn zu weiteren Erklärungen von Ursache und Wirkung sowie der Vollkommenheit der Schöpfung. Payne beruft sich auf Spinoza und verkündet, die Menschen müssten Vollkommenes schaffen, dann könnten sie „Gott demonstrieren" (HL 41, 34 f./R 52, 11). – Als Danton und seine Gefährten eintreten, wird der Ton der Gespräche schärfer. Mercier sieht in Danton den

Im Gefängnis

„böse(n) Genius der Revolution" (HL 42, 29/R 53, 18). Payne entgegnet, ganz dialektisch: „Sein Leben und sein Tod sind ein gleich großes Unglück" (HL 42, 31 f./R 53, 20 f.). Manche sehen in den Dantonisten die Täter der Revolution, andere die Opfer. Camille sieht sich als Opfer, weil er Erbarmen gezeigt habe.

Zweite Szene
Der Ankläger Fouquier-Tinville und der Präsident des Revolutionstribunals Herman verabreden ein übles Spiel im Prozess gegen Danton und wollen Geschworene aussuchen, z. B. Taube und Schlafende, die das Urteil sichern.

Dritte Szene
In der Conciergerie, dem traditionellen Untersuchungsgefängnis in Paris, ist Lacroix überrascht über die große Zahl der Häftlinge und ihren Zustand[24]; er sieht die Wirkungen ihrer Politik. Danton hat vor einem Jahr mit dem Revolutionstribunal die Voraussetzung für seine Hinrichtung selbst geschaffen, obwohl er eigentlich „neuen Septembermorden zuvorkommen" (HL 45, 11 f./R 56, 28 f.) wollte.

Verhandlung vor dem Tribunal

Vierte Szene
Danton wird vor dem Revolutionstribunal der Konspiration u. a. mit Mirabeau, der seit 1791 tot ist, angeklagt. Danton weiß um seine Verurteilung, verteidigt sich aber glänzend und provoziert, indem er den Tod herbeisehnt („... das Leben ist mir zur Last", HL 45, 34 f./R 57, 21). Mit seinen Verdiensten um die Revolution erscheint

---

24 Vom Januar 1793 bis zum Juli 1794 gingen 2.600 Gefangene den Weg von der Conciergerie zu den Guillotinen auf den Place de lá Revolution (heute: Place de la Concorde) und andere Plätze.

er als deren Verkörperung. Als die Stimmung zu seinen Gunsten umschlägt, unterbricht Herman die Verhandlung.

Fünfte Szene

Der General Dillon erfährt im Gefängnis durch eine geheime Botschaft von Dantons großer Verteidigungsrede. Er entwickelt einen Befreiungsplan, den Dantons und Camilles Frauen durchführen sollen. Dantons Frau will er einen Brief schreiben. Er hofft auf „alte Soldaten, Girondisten, Exadlige" (HL 48, 19/R 60, 33), die sich an seiner Befreiungsaktion beteiligen. Der Mitgefangene Laflotte, ein Verräter und Spitzel, geht scheinbar auf Dillons Pläne ein, will aber den Plan verraten und sich so aus dem Gefängnis befreien.

Sechste Szene

Erbarmungslos brechen die Mitglieder des Wohlfahrtsausschusses den Stab über Kranke, Schwangere und Sterbende. Der Ausschuss ist beunruhigt über die Wirkung von Dantons Rede im Volk. St. Just will den Prozess möglichst schnell beenden; die „Anzeige" Laflottes dient ihm zu einem „Bericht" (HL 50, 31 ff./R 63, 33), um die Angeklagten von den Debatten auszuschließen. – Nach seinem Abgang geben sich die anderen Mitglieder des Wohlfahrtsausschusses als Heuchler und Lüstlinge zu erkennen, die sich über St. Justs und Robespierres Kampf gegen das Laster lustig machen.

Siebte Szene

Lacroix lobt Danton ironisch für seine Verteidigungsrede und beklagt, dass sie zu spät komme. Die Dantonisten sprechen über ihre Todesvorstellungen: Philippeau hofft, als Samen weiterzuwirken; Camille sieht den Tod wie eine Hochzeit mit einer alten Frau. Danton will nicht ohne Julie sterben. Sie wollen schreien und kämpfen.

Todesvorstellungen

| 1 SCHNELLÜBERSICHT | 2 GEORG BÜCHNER: LEBEN UND WERK | 3 TEXTANALYSE UND -INTERPRETATION |

3.2 Inhaltsangabe

Achte Szene

Der Ankläger Fouquier ist verzweifelt, weil er sich nicht gegen Dantons Forderung nach einer Kommission wehren kann. Mit dem manipulierten Bericht St. Justs wollen sie die „Sache vom Hals bekommen" (HL 54, 7f./R 68, 10f.).

Stimmung schlägt zu Dantons Gunsten um

Neunte Szene

Trotz des Berichts St. Justs klagt Danton vor dem Revolutionstribunal „Robespierre, St. Just und ihre Henker des Hochverrats an" (HL 55, 5f./R 69, 19f.). Die Stimmung schlägt zu seinen Gunsten um, die Zuhörer huldigen ihm. Die Dantonisten werden *„mit Gewalt"* (HL 55, 12/R 69, 34) abgeführt.

Stimmung schlägt zu Robespierres Gunsten um

Zehnte Szene

In einem Wortgefecht zwischen zwei Bürgern erweist sich der Robespierrefreund als geschickter, da er Dantons soziale Situation vor und nach der Revolution vergleicht („Danton war arm, wie ihr. Woher hat er das alles?" HL 55, 34f./R 70, 27). Er kann das Volk umstimmen, das nun nicht mehr Danton, sondern Robespierre zujubelt.

3.2   Inhaltsangabe

Vierter Akt

Julie übermittelt Danton die Botschaft, er werde nicht allein sterben. Das beruhigt Danton. Es wird deutlich, dass inzwischen ziemlich wahllos gemordet wird. Die Dantonisten bereiten sich in Ruhe auf ihren Tod vor.

Erste Szene

Der Präsident des Revolutionstribunals Dumas, ein radikaler Anhänger Robespierres, verteidigt im Gespräch jegliche Entscheidung des Revolutionstribunals, auch die Verurteilung von Unschuldigen. Er tut das auch deshalb, weil das Tribunal seine Frau, die er denunziert hat, auf die Guillotine schicken wird.

Zweite Szene

Julie sendet einen Jungen zu Danton, der ihm die Botschaft bringt, „er würde nicht allein gehn" (HL 57, 4/R 72, 1 f.).

Julie will mit Danton sterben

Dritte Szene

Die gefangenen Dantonisten sprechen, teils in sarkastischem Ton, über ihren baldigen Tod. Danton versucht Camille zu trösten, den die Angst um Lucile fast wahnsinnig macht. Erstmals wird auch der Henker von Paris, Samson, genannt (HL 58, 32 f./R 73, 6). Danton geht dem Tod ruhig entgegen, seit er von Julies Entschluss zu sterben weiß; auch Camille wird nach einem Angsttraum ruhiger.

Vierte Szene

Die Schinderkarren holen die Verurteilten von der Conciergerie ab. Lucile spricht unter den Fenstern der Gefangenen gegen die Mauern („Camille ... mit dem langen Steinrock und der eisernen Maske", HL 61, 21 f./R 76, 16 f.) zu Camille, den sie zu sehen glaubt. Sie nimmt stark verwirrt von ihm Abschied.

DANTONS TOD

3.2 Inhaltsangabe

Erwartungen der Verurteilten

Fünfte Szene

Am Hinrichtungstag sprechen die Verurteilten von ihren Erwartungen: Camille wünscht Lucile Schutz durch den Wahnsinn. Danton gibt Robespierre eine Frist von sechs Monaten, Lacroix beklagt Robespierres Heuchelei und die Dummheit des Volkes. Sie zweifeln an Gott oder einem höheren Wesen im Angesicht des Leides und des Todes. Danton fasst ihre Erkenntnis von einer gottlosen Welt in dem nihilistischen, antihegelschen Satz zusammen, der anachronistisch ist und Büchners Zeit gerecht wird: „Die Welt ist das Chaos. Das Nichts ist der zu gebärende Weltgott." (HL 64, 21 f./R 80, 5 f.) Der Schließer kündigt die Wagen an, ein schöner Abend begleitet die Verurteilten, die sich als vergehende Götter sehen, auf dem letzten Weg.

Julie stirbt

Sechste Szene

Julie nimmt sich im „Abendlicht" (HL 65, 3 ff./R 80, 33) das Leben, nachdem sie das Volk zur Guillotine hat laufen hören.

Hinrichtung der Dantonisten

Siebte Szene

Statt Brot wird dem Volk die Hinrichtung der Dantonisten geboten. Es singt und tanzt die Carmagnole. Die Gefangenen singen die Marseillaise und erinnern an den revolutionären Anfang. Drängend und mit losen Reden schickt das Volk die früheren Revolutionäre in den Tod, Danton stirbt als Letzter.

Achte Szene

Lucile glaubt, die Welt müsse mit dem Tod Camilles stehen bleiben, hört aber wie das Volk, von der Hinrichtung ergötzt wie nach einem Schauspiel, zurückkommt und sich über den „hübsche(n) Mann" (HL 66, 35/R 83, 13) Hérault unterhält.

3.2 Inhaltsangabe

Neunte Szene

Luciles Weg endet bei den Henkern unter der Guillotine. In ihrem Wahnsinn, sich an den toten Camille erinnernd, singt sie ein Lied vom Tod und ruft dann „Es lebe der König!" (HL 67, 26/R 84, 18). Im Namen der Republik wird sie verhaftet.

Lucile provoziert ihre Verhaftung

Christian Grashof und Inge Keller als Danton und Julie in einer Theaterinszenierung am Deutschen Theater Berlin, 1989; © Cinetext/ Henschel Theater-Archiv

| 1 SCHNELLÜBERSICHT | 2 GEORG BÜCHNER: LEBEN UND WERK | 3 TEXTANALYSE UND -INTERPRETATION |

3.3 Aufbau

3.3 Aufbau

ZUSAMMEN-FASSUNG

Das kompliziert gebaute Stück ist ein analytisches Drama, das insgesamt nur einen 5. Akt – die Katastrophe – darstellt; es kann auch als offenes Drama bezeichnet werden. Die Katastrophe wird im Titel *Dantons Tod* genannt; das Titelthema des Todes durchzieht den gesamten Text. Gleichzeitig tendiert das Stück zur Szenenfolge und bereitet damit das Stationendrama vor.

Drama des fünften Aktes (analytisches Drama)

Bei *Dantons Tod* handelt es sich um ein kompliziert gebautes Drama, das nicht den Erwartungen des Publikums seiner Zeit entsprach, welches mit aristotelischer (klassischer) Dramatik oder klassizistischen Unterhaltungsspielen erzogen worden war. Allerdings wurde die Form nicht wirksam, da *Dantons Tod* erst 1902 uraufgeführt wurde. Durch den Naturalismus und seine Dramaturgie des scheinbar willkürlichen Wirklichkeitsausschnitts wurden im ausgehenden 19. Jahrhundert Bedingungen geschaffen, die die Aufnahme von Stücken wie *Dantons Tod* vorbereiteten. Die Einteilung in vier Akte ist willkürlich vorgenommen worden; die Szeneneinteilung gab es in der Originalfassung nicht. Eine klassische dramatische Exposition ist nicht vorhanden, dafür eine dramatische Katastrophe.

Willkürliche Einteilung in vier Akte

Todesmotiv

Der Titel *Dantons Tod* ist Programm. Schon im ersten Dialog vergleicht Danton die Liebe mit einem Grab, „die Leute sagen im Grab sei Ruhe" (HL 5, 26/R 5, 32). Damit ist Dantons Todesbereitschaft, ja **Todessehnsucht** nach den ersten Sätzen deutlich. Das Leben wird im Tod aufgehoben (weiblicher Schoß – Grab,

4 REZEPTIONS-
GESCHICHTE

5 MATERIALIEN

6 PRÜFUNGS-
AUFGABEN

3.3 Aufbau

Frauenlippen – Totenglocken, ihre Stimme – Grabgeläute, Frauenbrust – Grabhügel, Herz – Sarg). Dantons „Schicksal ist seit Beginn entschieden, das ganze Drama ist fünfter Akt."[25] Auf der Bühne geschieht der letzte Akt einer umfangreicheren, aber nicht dargestellten Handlung, die in Gesprächen erinnert wird und den Verlauf der Revolution betrifft. Die Handlung ist zwingend, denn von Beginn an gibt es keinen anderen Weg für die Dantonisten: Sie müssen in den Tod, der von Robespierre für sie vorgesehen ist, gehen. Danton weiß darum; Lacroix nennt ihn frühzeitig einen „tote(n) Heilige(n)" und eine „Reliquie" (HL 19, 29 f./R 23, 24 f.). Danton bestätigt das nach seinem Gespräch mit Robespierre (HL 25, 25 f./R 31, 30). So wird es ein **analytisches Drama** – analysiert wird, was Danton für die Revolution bedeutete, an welchem Punkt er einen anderen Weg als die Jakobiner ging und was von Dantons Sturz und Verurteilung bis zur Hinrichtung geschieht. Es lässt sich auch, nach Volker Klotz, als offenes Drama[26] bezeichnen.

Tod Dantons steht von Anfang an fest

Variation der Dreieinheit

Es gibt die Dreieinheit: Einheit der Handlung (alles zielt auf Dantons Tod), die Einheit der Zeit (die Handlung spielt in 13, eventuell in neun Tagen) und die Einheit des Ortes (eine fallende Folge vom Salon über Gefängnis und Guillotine bis zum Grab, konzentriert auf Paris). Dem offenen Drama widerspricht der Weg des mächtigsten Mannes der Revolution in seinen Tod, der eine Szenenfolge darstellt, die nicht durch einen aristotelischen (klassischen) Aufbau gegliedert ist, sondern das Geschehen als Ausschnittfolge – auch im Wechsel von Personengruppen und Handlungsorten, von

Einheit von Handlung, Zeit und Ort

---

25 Mayer 1960, S. 192
26 Vgl. Volker Klotz: *Geschlossene und offene Form im Drama*. München: Carl Hanser Verlag 1960, S. 116 f., 127

DANTONS TOD

3.3 Aufbau

Gesprächsszenen und Massenszenen – einer sich konsequent vollziehenden Handlung bietet. Diese dramaturgische Technik ist ein erstes Beispiel auf dem **Weg zum Stationendrama** des 19. Jahrhunderts. Betrachtet man den Aufbau des Stückes unter diesem Aspekt, erscheint es als ein genialer und völlig neuartiger Versuch, der mit der auf das klassische Modell bezogenen Übereinstimmung von Form und Stoff nichts mehr zu tun hat. Karl Gutzkow erkannte das, sprach vom „lose angelegten Drama"[27], das mit einer abgeschlossenen Handlung beginne. In der Gegenwart griff Peter Hacks, ein entschiedener Verfechter der Klassik und ihres Dramas, Büchner gerade um seiner „Durchreise-Szenen, die besten von ihnen sind episodisch"[28], an; Hacks hatte die Besonderheit erkannt, sie aber nicht akzeptiert.

Gutzkow: „lose angelegtes Drama"

Wenn sich der Vorhang öffnet, liegen alle Entscheidungen hinter Danton und Robespierre. Nach der Hinrichtung der Girondisten ist die Opposition im Land ausgeschaltet und sie beide sind die mächtigsten Männer. Sie vertreten seit Dezember 1793 gegensätzliche Strategien: Danton eine Politik der Gnade und Barmherzigkeit, aber der Interessenlosigkeit gegenüber dem hungernden Volk, gerichtet auf die Interessen seiner bürgerlichen Partner, Robespierre eine der radikalen Revolution, gerichtet auf die plebejischen Kräfte, ohne ihnen helfen zu können. Es ist alles nur noch fallende Handlung im aristotelischen Sinne oder eine Stationenfolge des entstehenden modernen Dramas, das von Dramentheoretikern der Zeit wie Hermann Hettner und Julius Mosen erahnt und ansatzweise beschrieben wurde.

Fallende Handlung oder Stationenfolge

---

27 Karl Gutzkow: *Georg Büchner*. In: ders.: Werke. Hrsg. von Peter Müller. Bd. 3, Leipzig und Wien: Bibliographisches Institut, o. J., S. 120.
28 Peter Hacks: *Ein Motto von Shakespeare über einem Lustspiel von Büchner*. In: Peter Hacks: Die Maßgaben der Kunst. Gesammelte Aufsätze 1959-1994. Hamburg: Edition Nautilus, 1996, S. 352

3.3 Aufbau

Dantons Abstieg ins Grab

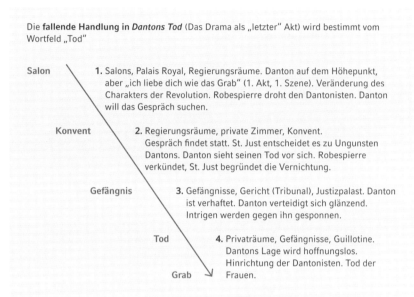

Die **fallende Handlung in *Dantons Tod*** (Das Drama als „letzter" Akt) wird bestimmt vom Wortfeld „Tod"

Salon
1. Salons, Palais Royal, Regierungsräume. Danton auf dem Höhepunkt, aber „ich liebe dich wie das Grab" (1. Akt, 1. Szene). Veränderung des Charakters der Revolution. Robespierre droht den Dantonisten. Danton will das Gespräch suchen.

Konvent
2. Regierungsräume, private Zimmer, Konvent. Gespräch findet statt. St. Just entscheidet es zu Ungunsten Dantons. Danton sieht seinen Tod vor sich. Robespierre verkündet, St. Just begründet die Vernichtung.

Gefängnis
3. Gefängnisse, Gericht (Tribunal), Justizpalast. Danton ist verhaftet. Danton verteidigt sich glänzend. Intrigen werden gegen ihn gesponnen.

Tod
4. Privaträume, Gefängnisse, Guillotine. Dantons Lage wird hoffnungslos. Hinrichtung der Dantonisten. Tod der
Grab   Frauen.

Die Grafik verdeutlicht, wie die Handlung vom Höhepunkt Dantons, als Genießer in einem Spielsalon, zielstrebig zu seinem Tod führt. Die Örtlichkeit wird immer enger und unfreundlicher: von den Salons über Gefängnisse unter die Guillotine (ins Grab).

Würde man das Verhalten des plebejischen Volkes dagegen setzen, die Massenszenen gegen die Gesprächsszenen, käme eine gegenläufige Bewegung heraus. Das Volk kommt am Ende auf seine Spiele und Unterhaltung: Die Hinrichtung der Einen wird zum

3.3 Aufbau

Schauspiel für die Anderen. Statt Brot genießt das Volk am Ende Spiele.

Der Aufstieg ins Spiel

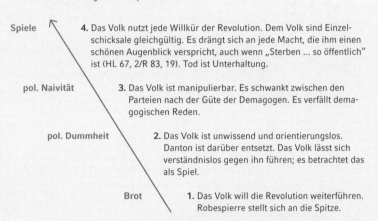

Das Volk wird durch Spiele beruhigt und glaubt, Gesetzeskraft zu besitzen, wird aber durch schillernde Begriffe manipuliert.

Spiele
4. Das Volk nutzt jede Willkür der Revolution. Dem Volk sind Einzelschicksale gleichgültig. Es drängt sich an jede Macht, die ihm einen schönen Augenblick verspricht, auch wenn „Sterben ... so öffentlich" ist (HL 67, 2/R 83, 19). Tod ist Unterhaltung.

pol. Naivität
3. Das Volk ist manipulierbar. Es schwankt zwischen den Parteien nach der Güte der Demagogen. Es verfällt demagogischen Reden.

pol. Dummheit
2. Das Volk ist unwissend und orientierungslos. Danton ist darüber entsetzt. Das Volk lässt sich verständnislos gegen ihn führen; es betrachtet das als Spiel.

Brot
1. Das Volk will die Revolution weiterführen. Robespierre stellt sich an die Spitze.

Es gibt keinen Sieger: Die Dantonisten werden guillotiniert, aber auch Robespierres Ende deutet sich an. Hans Mayer nannte das eine „Dramatik der mehrfachen Negierung"[29].

---

29 Hans Mayer: *Das unglückliche Bewusstsein*. Zur deutschen Literaturgeschichte von Lessing bis Heine. Frankfurt a. M.: Suhrkamp Verlag, 1986, S. 80.

3.3 Aufbau

Lieder und Gespräche

Eine besondere Rolle spielen im Handlungsverlauf **Lieder**, die meist originale Volkslieder sind oder solche variieren. Dadurch werden das Volk und Lucile sozial und mental charakterisiert: Bürger singen das Schinderhanneslied (HL 10, 12 ff./R 11, 29 ff.), der Bänkelsänger singt ein schwäbisches (HL 27, 31 ff./R 34, 23 f.), Lucile ein hessisches (HL 31, 41 f./R 39, 36 f.) und ein elsässisches Volkslied (HL 61, 25 ff./R 76, 20 ff.), schließlich das Erntelied aus *Des Knaben Wunderhorn* (HL 67, 17 ff./R 84, 8 f.), Barère zitiert einen Kinderreim aus *Des Knaben Wunderhorn* (HL 52, 14 f./R 65, 33 f.).[30] In den Handlungsabschnitten mit Robespierre und St. Just gibt es keine Lieder, wie es keine privaten Themen und keine Frauen gibt.

Die Handlung verlagert sich zeitweise auf **Gefängnisgespräche**: Die Dantonisten werden durch die Verhaftung auf das Gespräch verwiesen, das die Funktion retardierender Momente übernimmt. In die dramatische Aktion treten dafür ihre Frauen ein. Im Gefängnis kommen historische Persönlichkeiten hinzu, die für die Handlung keine Funktion haben und auch den historischen Hintergrund nicht erleuchten, der ausgeblendet wird. Danton zu Payne: „Was Sie für das Wohl Ihres Landes getan, habe ich für das meinige versucht." (HL 43, 8 f./R 54, 4 f.)[31] Was Payne für sein Land und für welches getan hat, wird nicht erwähnt.

Gespräch mit Funktion retardierender Momente

Hauptthemen der Gespräche sind die Leitthemen des Stücks Tod und Schmerz. Mit Beginn der Gespräche werden sie auf eine sarkastische Weise eingeführt: Um sein „Kopfweh" (Schmerz) zu

———

30 Vgl. dazu die Angaben bei Th. M. Mayer (Hrsg.): *Georg Büchner. Danton's Tod*. Ein Drama. Programmbuch zur Inszenierung am Frankfurter Schauspiel. Sonderdruck für die Mitglieder der Georg Büchner Gesellschaft, Marburg 1980, Zeilenkommentare.
31 Der Ausspruch gehört zu den von Danton überlieferten, vgl. Sanson, Bd. 2, S. 91. – Streckenweise sind die Tagebücher des Henkers wortwörtlich übereinstimmend mit Büchners Drama.

3.3   Aufbau

beseitigen, bittet Chaumette um ein philosophisches Gespräch (HL 40, 3 f./R 50, 9). Payne hebt die Erschaffung der Welt und die Unvollkommenheit mit Verweis zu Spinoza auf die Ebene des philosophischen Gesprächs: „Man kann das Böse leugnen, aber nicht den Schmerz." (HL 41, 35 f./R 52, 11 f.). Von nun an bleibt das Thema in den Gesprächen präsent, bis sich, auf unterschiedliche Weise, die Dantonisten zu ihrem Schmerz bekennen und Hérault ihn hinausschreien will (vgl. HL 63, 32 ff./R 79, 7). Die Gespräche erweisen sich als Therapie, um der Todesangst zu begegnen. Mit Spinoza finden die Gesprächspartner eine gemeinsame Basis, in der sich auch die epikureische Haltung Dantons wiederfindet und Freiheit und Notwendigkeit als spannungsreiche Beziehung erscheinen.

Einheit des Ortes

Der **Ort der Handlung** (Einheit des Ortes) ist scheinbar vielgestaltig, begrenzt sich aber zuerst auf Paris: Sowohl Shakespeare und in seiner Tradition die deutschen Stürmer und Dränger – man denke an Goethes *Götz von Berlichingen* – hatten es bereits so gemacht. Dem folgte Büchner, ohne allerdings den Ortsangaben besonderes Gewicht zu geben. In der 1. Szene gibt es keine. Nur ein Ort bekommt eine durchgehende zuerst metaphorische, dann symbolische Bedeutung: Das ist das Grab, ergänzt durch Gefängnis und Guillotine. Diese Orte beherrschen Figuren und Handlung. Die Einheit des Ortes ist durch das revolutionäre Paris während der Schreckensherrschaft gegeben.

Einheit der Zeit

Die **Zeit der Handlung** (Einheit der Zeit) sind die Tage vom 24.[32] März (Hébertisten werden hingerichtet) bis zum 5. April 1794. Das letzte Gespräch zwischen Robespierre und Danton fand zwar am 19. März statt, wurde aber von Büchner in die Zeit

---

32   Andere Interpretationen gehen vom 28. März aus (Martin, 146; Hasselbach, 34). Im Stück wird von „wieder zwanzig Opfern" (6, 33) gesprochen; damit muss nicht der 24. März, der Tag der Hinrichtung der ersten Hébertisten, gemeint sein, allerdings wird auch nicht der 28. direkt ausgewiesen.

| 4 REZEPTIONS-GESCHICHTE | · 5 MATERIALIEN | 6 PRÜFUNGS-AUFGABEN |

3.3 Aufbau

nach der Hinrichtung der Hébertisten gelegt. Das Jahr wird nirgends genannt; die Ereignisse werden so verwendet, als seien sie dem Zuschauer vertraut. Die Masse der historischen Fakten wird „mit einem Minimum an direkter oder indirekter Kommentierung vorgeführt".[33]

Die Dreieinheit erscheint variiert bzw. befindet sich in Auflösung. **Die Einheit der Handlung** wird durch die Beteiligung aller Personen am Untergang Dantons hergestellt. Zahlreiche Namen werden ohne jeglichen Hinweis erwähnt; ihre Beteiligung an der Revolution wird nur durch die Position für oder gegen die Hinrichtung Dantons bestimmt. Wenige Hinweise lassen den historischen Hintergrund erkennen („die Flotten Pitts", HL 12, 3/R 14, 3); eine wichtige Orientierung wird gegeben: Marat ist schon tot (vgl. HL 12, 21 f./R 14, 22). Lediglich die Beziehung zwischen Robespierre und Desmoulins wird als eine bereits vor der Revolution bestehende erwähnt. Die Einheit der Handlung entsteht durch den kleinen Ausschnitt, durch die nur auf diesen Ausschnitt ausgerichteten Figurenprofile und durch den Verzicht auf historische Kommentare.

Einheit der Handlung

---

33 Werner, S. 11.

3.4 Personenkonstellation und Charakteristiken

ZUSAMMEN-FASSUNG

In *Dantons Tod* treten zahlreiche Personen auf, die gleichzeitig für politische Gruppierungen stehen. Sie werden durch ihr Verhalten zur Revolution bestimmt: Die Dantonisten wollen die Revolution beenden und in eine Republik überführen, die Jakobiner wollen die Revolution weiterführen und dabei alles vernichten, was dieser im Weg steht. Die entscheidenden Gegenspieler sind Danton und Robespierre, gespiegelt in Camille und St. Just. Eine besondere Rolle spielen die Frauen, die gegen Ende deutlich die Handlung bestimmen, und das Volk; die Massenszenen sind einerseits Gegenpol zu den Gesprächsszenen und geben andererseits die Konturen ab, in denen sich die Gespräche der gegensätzlich agierenden Revolutionäre bewegen.

Vorwissen zur Französischen Revolution erforderlich

Vom Leser und Zuschauer werden Kenntnisse der Französischen Revolution, ihrer Strukturen und der bestimmenden Namen über den kurzen Handlungszeitraum hinaus verlangt, die Georg Büchner nicht einbringt. So sollte der Zuschauer den bedeutenden Revolutionär Danton kennen, nicht nur den im Stück vorgestellten Epikureer, der seine revolutionäre Phase hinter sich gelassen hat. Erst dann versteht man seinen Auftritt vor dem Revolutionstribunal (3. Akt, 4. Szene). Die Personenkonstellation ist in den ersten beiden Akten von der Gegenüberstellung Danton – Robespierre bestimmt. Dann scheidet Robespierre aus. Da aber an die Gegner Gruppen gebunden sind, setzt sich die Gegenüberstellung in den Gruppen fort. So bilden Camille und St. Just ein weiteres kontrastierendes Paar.

Zentrale Gegenüberstellung: Danton vs. Robespierre

3.4 Personenkonstellation und Charakteristiken

Die Charakteristiken folgen dem Text, nicht den historischen Fakten. Diese werden in den Erläuterungen auszugsweise mitgeteilt (s. S. 58 ff. der vorliegenden Erläuterung).

Georg Jacques Danton (1759–1794)

ist eine historische Figur. Fakten bezog Büchner aus Revolutionsgeschichten. Danton hatte für wirtschaftliche Entwicklungen kein großes Verständnis und erkannte nicht, dass in den Hungernden, die auf der Straße marschierten, die politische Kraft einer neuen Klasse entstand. Das Stück spielt in den letzten 13 bzw. neun Tagen[34] von Dantons Leben; er ahnt, später weiß er um sein Ende. Für den Konflikt zwischen Tugend und Laster, Robespierre und Danton, hatte Rousseau die Grundlage gegeben: Revolutionäre, die sich Sinnengenuss ergeben, sind für Korruptionen anfällig; deshalb sieht Robespierre darin ein Laster. Danton sieht in Robespierres Tugend das Laster der Eitelkeit, das nur „durch den Kontrast nämlich" (HL 21, 42/R 26, 24) denkbar sei.

Büchners Danton, der zahlreiche Auftritte im Stück hat, ist ohne Vergangenheit; seine Bekanntheit, auf die er setzt, wird im Spiel nicht ausgewiesen und ist damit dem Leser/Zuschauer nicht bewusst, wenn er sie nicht kennt. Man nannte ihn den „Mirabeau der Straße", nach dem Grafen Mirabeau, der zu Beginn der Revolution maßgeblich an ihr beteiligt und ein glänzender Redner war. Ein politisches System hatte Danton nicht, seine Reden und Entscheidungen geschahen zumeist spontan, ebenfalls Mirabeu ähnlich. Die einzige Orientierung war für ihn das physische Leben. Daraus leitete er seine epikuräisch-individuelle Haltung ab, die im Widerspruch zu Robespierre stand. Büchner gab sowohl Danton als auch Robespierre Recht und ließ beide sich auch irren. Die

„Mirabeau der Straße"

---

34 S. Anmerkung 30

3.4 Personenkonstellation und Charakteristiken

berühmte Briefstelle Büchners von 1833 „Was ist das, was in uns lügt, mordet, stiehlt?"[35] wird 1835 Danton in den Mund gelegt. In Robespierre ist jener Büchner bewahrt, der er gewesen wäre, hätte das Volk *Der Hessische Landbote* und so den revolutionären Vorgang begriffen. Danton und Robespierre sind ein sich ergänzendes Doppelbild Büchners.

Maximilien de Robespierre (1758–1794)

Robespierre vs. Danton: Politiker vs. Privatmensch

ist im Gegensatz zu dem Genussmenschen Danton ausschließlich Politiker. Gespräche zwischen beiden sind deshalb weitgehend unlogisch, weil sie aneinander vorbeireden und von zwei verschiedenen Ebenen (eine grundverschiedene „Bildungs- und Bilderwelt") aus miteinander sprechen. Hans Mayer nannte diese Dialoge treffend „windschiefes Gespräch"[36]. Dadurch werden die Dialoge häufig nebeneinander ablaufende Monologe.

Mayer: „windschiefes Gespräch"

Alle Gespräche und Reden Robespierres zielen auf den politischen Menschen, während Dantons Argumente den privaten Menschen meinen. Er hat drei große Auftritte: In seinem Gespräch mit Danton weigert er sich, private Vorgänge in sein Denken einzubeziehen. In einem Monolog antwortet er für sich auf Dantons Vorwürfe und Anklagen. Er gesteht sich seine Sünde ein, dass Tugend die Eitelkeit befriedigt. Schließlich zeigt ihn das Gespräch mit St. Just als politisch Handelnden.

Camille Desmoulins (1760–1794)

war, wie so viele Revolutionäre, Advokat. Er war auf dem gleichen Pariser Gymnasium wie Robespierre und begeisterte sich für die römische Republik. Er wurde Sekretär Dantons und Herausgeber

---

35 Bergemann (Hrsg.), *Büchner: Werke und Briefe*, S. 395.
36 Vgl. Hans Mayer: *Außenseiter*. Frankfurt a. M.: Suhrkamp Verlag, 1975, S. 347.

3.4   Personenkonstellation und Charakteristiken

der Zeitung *Le vieux Cordelier*. Obwohl er für die Vernichtung der Girondisten eintrat, verurteilte er Robespierres Terror und wurde mit Danton, der ihn wie einen Sohn behandelte, hingerichtet. Er ist die Personifikation des schwärmerischen jungen Mannes und als Gesamtfigur Büchner ähnlich, vor allem stimmen sie in ihren Vorstellungen von der Staatsform überein, die sich auf ein materialistisches Naturrecht gründet: Camille beschreibt die Staatsform auch als „Gewand", „das sich dicht an den Leib des Volkes schmiegt" (HL 7, 7 f./R 7, 30). Er vergleicht die „Guillotinenromantik" (HL 6, 19/R 6, 29 f.) der Französischen Republik mit der antiken Republik Athen, „den klassischen Republikanern" (HL 6, 18 f./R 6, 28 f). Gegenüber der antiken Demokratie kommt die Gegenwart des Stückes schlecht weg, noch schlechter aber die Gegenwart des Dichters, der wie Camille dachte. Camille wurde als „diejenige poetische Gestalt" verstanden, „die am meisten und intimsten Büchners eigene Konfessionen ablegt".[37]

Personifikation des schwärmerischen jungen Mannes

Büchners eigener Konfession am ähnlichsten

Louis Antoine Léon de Saint Just (1767–1794)

rechtfertigt den Terror. Dabei unterscheidet er nicht zwischen den Gegnern, sondern strebt nach einem vollständigen Vernichtungskrieg. Er sieht sich als Vollstrecker eines geschichtlichen Schicksals, das einem absoluten Naturbegriff folgt, der nicht einbezieht, was die Menschen daraus gemacht haben. Zwischen geistiger Welt und psychischer Welt besteht für ihn kein großer Unterschied. Dadurch wird er der Demagoge der Revolution, der die Vernichtung der Natur, ein natürlicher Vorgang, auch für die Vernichtung des Menschen in Anspruch nimmt, eine bewusst vollzogene Handlung. Er vergisst, dass die Natur nicht von einer Idee, der Mensch sehr

Demagoge der Revolution

---

37   Michael Mayer: *Büchner und Weidig – Frühkommunismus und revolutionäre Demokratie.*
In: Arnold I/II, S. 125.

| 1 SCHNELLÜBERSICHT | 2 GEORG BÜCHNER: LEBEN UND WERK | 3 TEXTANALYSE UND -INTERPRETATION |

3.4   Personenkonstellation und Charakteristiken

wohl davon bestimmt wird. St. Just erweist sich in seiner Argu-
mentation und Begrifflichkeit („Weltgeist"; HL 38, 4/R 47, 37) als
Hegelianer   Hegelianer – einer von Büchner abgelehnten, weil idealistischen
Haltung –, was die historische Figur zeitlich nicht sein konnte.

Marie-Jean Hérault-Séchelles (1759–1794)

galt als einer der schönsten Männer Frankreichs. Er verfasste die
Konstitutionsakte und berief sich dabei auf Rousseau. Am 10. August 1793 war die Konstitution (Verfassung) abgeschlossen, eine
der raschesten Konstitutionen, die je zusammengefügt wurden. An
diesem Tag wurde eine Statue der Natur auf dem Platz der Bastille enthüllt, aus deren riesenhaften Brüsten Wasser sprudelte. Mit
eisernem Becher schöpfte Hérault aus den heiligen Brüsten geflos-
senes Wasser und trank davon nach einem beredten heidnischen
Gebet, das anfängt „O Natur!"

Marion

ist historisch nicht belegt, dennoch erkennbar. Die Grisette und
Prostituierte ist gefühlvoll und sinnlich wie eine Frau der deut-
Romantikerin   schen Romantik, zudem in ihrer Mütterlichkeit von Büchners Ver-
lobter Louise Wilhelmine (Minna) Jaeglé (1810–1880) geprägt.
Den Namen Marion, der nachgetragen wurde, hat Büchner ver-
mutlich von Victor Hugos *Marion de Lorme* (1831), „diesem Urbild
aller edlen Hetären"[38], entlehnt. Büchner kannte Hugos Werke und
übersetzte einige.

Gegen Ende des Stückes geht die Handlungsinitiative eindeutig
und ausschließlich von den Frauen der Revolutionäre aus, die dramaturgisch entscheidend ihre Weiblichkeit gegen Vernichtung

— — —

38   Paul Landau: *Dantons Tod*. In: Martens, S. 22.

3.4 Personenkonstellation und Charakteristiken

einsetzen, sich für das Leben und gegen den Tod einsetzen. Erst als diese Bemühungen unter dem Druck der männlich dominierten Vernichtung scheitern, gehen sie in den Tod. Das bedeutet, dass sie retardierende (verzögernde, aufhaltende, zurückführende) Momente bis hin zum Moment der letzten Spannung (Luciles Weigerung, Camilles Sterben anzuerkennen: 4. Akt, 4. Szene) bilden. In der Gruppe der Jakobiner um Robespierre gibt es bezeichnenderweise keine Frauen – die einzige am Rande und außerhalb der Bühne, die Frau Dumas', steht kurz vor der Hinrichtung –, damit fehlt den Jakobinern eine wichtige private Bindung und sie erscheinen gefühlskälter, unsinnlicher und lebensfremder.

Frauenfiguren: Einsatz für das Leben und gegen den Tod

Funktion als retardierende Momente

Lucile Desmoulins (eigentlich Anne-Louise) (1771–1794)

Lucile, geb. Duplessis, war hübsch, zierlich und blond, romantisch veranlagt und die einsamen Plätze in den Parks suchend. Sie war mit Dantons zweiter Frau befreundet. Ihr Selbstmord folgt der Idee der Romantiker, dass man gemeinsam in den Tod gehen sollte bzw. dass man den Partner auf dem Weg des Todes begleitet. Die Frauengestalten Büchners sind von dieser Idee beherrscht; ihre historischen Vorbilder hatten diese Vorstellungen nicht. Lucile ist in ihrer geistigen Verwirrung Shakespeares Ophelia aus *Hamlet* ähnlich.

Romantische Idee des gemeinsamen Todes

Julie Danton, eigentl. Sébastienne-Louise, geb. Gély (1777–1856)

Die von Büchner gezeichnete Frau hat mit der historischen Figur nichts zu tun: Dantons zweite Frau, die er kurz nach dem Tod seiner ersten Frau 1793 heiratete, war sechzehnjährig, begehrenswert und wohlhabend. Ihre Schönheit faszinierte Danton so, dass er sogar auf eine priesterliche Trauung einging, wie es die Schwiegereltern forderten. Indessen war ihre Beziehung zu Danton wohl einseitig von seiner Seite aus geprägt. Am Revolutionsgeschehen nahm sie, im Gegensatz zu Dantons erster Frau, kaum Anteil; die großen Geschichtsschreibungen der Revolution erwähnen sie nicht. Dantons Tod ließ sie kalt, sie tat nichts für seine Befreiung und setzte sich nicht für ihn ein, wie Lucile es für ihren Mann tat.

Im Stück ist Dantons Tod auch ihr Tod, in den sie freiwillig geht. Ihr Text wird von Büchners Lieblingsdichtern bestimmt: In der Beschreibung ihres Selbstmordes klingt Goethes *Faust* an; deutlich ist Shakespeares Julia aus *Romeo und Julia* zu erkennen, nach der möglicherweise die Figur auch benannt wurde.

Volk

Manche Vertreter des Volkes tragen Namen; vorwiegend werden sie nach ihrem sozialen Charakter differenziert (im Personenverzeichnis: Henker, Grisetten usw.). Das Volk entscheidet den Machtkampf zwischen Danton und Robespierre nicht aus eigener Beziehung zur Macht, sondern aus Hunger und Not. Möglichkeiten zum Lebensgenuss stellen sich aus der Revolution selbst ein: Hinrichtungen werden zum Genuss. Das Volk ließ sich ködern und lief dem hinterher, der das meiste oder am lautesten versprach. Auch verfiel es blind den Demagogen (3. Akt, 10. Szene). Andererseits gab Büchner diesem Volk auf niedrigster Stufe eine Stimme und zeigte, wie es durch die sozialen Bedingungen so geworden ist (1. Akt, 2. Szene *Eine Gasse*). Der Eindruck des Leidens verstärkt sich dadurch, dass Büchner in der Figurensprache trotz der Möglichkeit, mit poetischen Mitteln darüber hinauszugehen, sprachlich und szenisch in der Figurensicht blieb.[39] Das Volk hat

Antrieb: Hunger und Not

---

39 Vgl. dazu Büchners Brief an die Familie vom Februar 1834. In: Bergemann (Hrsg.), *Büchner. Werke und Briefe*, S. 398: „Ich verachte niemanden, am wenigsten wegen seines Verstandes oder seiner Bildung, weil es in Niemands Gewalt liegt, kein Dummkopf oder kein Verbrecher zu werden."

3.4 Personenkonstellation und Charakteristiken

nacheinander König, Königin, Girondisten und Hébertisten zum Guillotinenplatz begleitet, ohne seine eigene Lage verbessern zu können. Es begleitet auch Dantonisten und später die Jakobiner dorthin.

Die Engführung der Personen

3.5 Sachliche und sprachliche Erläuterungen

3.5 Sachliche und sprachliche Erläuterungen

Dantons Tod
HL 3/R 1

Der Titel gibt das Ende Dantons vor; es erscheint aber nicht, wie zu erwarten wäre, die Gattungsbezeichnung „Tragödie" oder „Trauerspiel", sondern „Drama". Der Tod Dantons ist kein tragisches Geschehen. Der Titel ist dem „Trauerspiel" *Wallensteins Tod* (letzter Teil der Trilogie *Wallenstein*) Friedrich von Schillers ähnlich. Büchners Abneigung gegen Schiller ist bekannt („Ich halte ... sehr wenig auf Schiller."); er hält ihn für einen „Idealdichter"[40]. So kann Büchners *Dantons Tod. Ein Drama* auch als Gegenstück zu Schillers *Wallensteins Tod. Ein Trauerspiel in fünf Aufzügen* gelesen werden.

Drama

Danton
HL 3/R 1

Georges Jacques Danton (1759–94), Advokat und Staatsanwalt, war einer der führenden Männer der Französischen Revolution. Er gehörte zu den Jakobinern und im engeren Sinne zu den Cordeliers. 1792 wurde er Justizminister, wechselte danach die Ämter und blieb immer von großem Einfluss. 1793 hatte er das Tribunal (Revolutionsgericht) und den Wohlfahrtsausschuss geschaffen, die ihn 1794 verurteilten und hinrichten ließen. Durch den Hinweis auf den Tod wird die Handlungszeit im Leben Dantons bestimmt: Das Stück beginnt am Tag der Hinrichtung von Hébertisten (nach dem 24. März 1794; HL 6, 21/R 6, 31 f.); es handelt sich um die Zeit vor der Verhaftung Dantons (31. März 1794) bis zur Hinrichtung (5. April 1794). Ein Widerspruch zu den historischen Tatsachen

Danton schuf die Instanzen, die ihn verurteilten und hinrichten ließen

---

40   Brief an die Familie vom 28. Juli 1835. In: Bergemann (Hrsg.), *Büchner: Werke und Briefe*, S. 422.

4 REZEPTIONS-GESCHICHTE	5 MATERIALIEN	6 PRÜFUNGS-AUFGABEN

3.5   Sachliche und sprachliche Erläuterungen

entsteht auch hier, da Hérault-Séchelles (1. Akt, 1. Szene) sich im
Drama in Freiheit befindet, er aber tatsächlich bereits am 17. März
1794 verhaftet und mit Danton hingerichtet wurde.

Drama
HL 3/R 1
griech.: Handlung; eine der „drei echten Naturformen der Poesie"
(Goethe), neben Epos/Prosa und Lyrik. Oberbegriff für Tragödie,
Komödie usw. Beim Drama ist der Text nur ein Teil des Werkes;
erst durch die Inszenierung wird die Absicht des Schriftstellers
erfüllt. Die sich vollziehende Handlung erscheint dem Zuschauer
gegenwärtig, d. h. er sieht sie im Theater vor sich. Dabei verbinden
sich Wort und Gestik. Der Text eines Dramas und seine Inszenierung verhalten sich zueinander wie die Partitur einer Oper und die
Aufführung derselben. Das Drama im engeren Sinne (das Schauspiel) steht zwischen Trauer- und Lustspiel und hat nach untragi-
scher Entwicklung ein friedliches, oft auch glückliches Ende.

Personen
HL 4/R 3
Das umfangreiche Verzeichnis kann aus Platzgründen nicht für
jede Person erörtert werden (vgl. Kapitel 3.4); stellvertretend für
die Gruppen werden einzelne Namen ausgewählt. Büchner hat
sie nach Machtverhältnissen gegliedert: Dantons Anhänger –
ihr Todesjahr ist fast durchgängig 1794, sie wurden mit Danton
hingerichtet – und einige Girondisten (Mercier) erscheinen als
Deputierte (Abgeordnete) des Nationalkonvents (Parlament), Robespierres Anhänger als Mitglieder des Wohlfahrtsausschusses
(Regierung). Dadurch sind die Gestalten typisiert. Andere stehen
für Machtorgane wie den Sicherheitsausschuss, das Revolutionstribunal oder sind öffentliche Ankläger. Am Ende der Liste stehen

Figuren sind
typisiert oder
symbolisieren
Machtorgane

DANTONS TOD   59

3.5 Sachliche und sprachliche Erläuterungen

die Frauen, die keine politischen Zuordnungen bekommen, aber unterschieden werden in „Gattin" (HL 4/R 3) und „Grisetten" (Prostituierte). Die Funktion der handelnden Personen wird durch einen Blick auf die Machtverhältnisse im revolutionären Frankreich verständlich:

Machtverhältnisse im revolutionären Frankreich
Revolutionstribunal
(Justiz: bestehend aus dem Präsidenten, dem öffentlichen Ankläger, fünf Richtern und Geschworenen); entschied nur über Todesstrafe oder Freispruch.

Wohlfahrtsausschuss
(neun Mitglieder: fünf Montagnarden, drei aus der „Ebene", ein Girondist) Regierungsorgan zur Überwachung der gesamten Staatsverwaltung[41], verantwortlich für Verteidigung.

Vollzugsrat
(Regierung) und Ausschüsse wie Sicherheitsausschuss u. a. (vergleichbar mit Ministerien); untersteht dem Wohlfahrtsausschuss.

Nationalkonvent
(Parlament) Zusammensetzung: 749 Abgeordnete, davon: Girondisten (Unternehmer, Anwälte und wohlhabendes Bürgertum, vor allem aus den Provinzen, genannt nach dem Department Gironde, ca. 160) und Montagnarden = Bergbewohner [da sie auf den oberen Rängen – dem Berg (montagne) – des Reitschulsaales, in dem getagt wurde, ihren Platz hatten: Jakobiner (benannt nach dem Dominikanerkloster St. Jakob, in dem sie tagten) oder Cordeliers

---

41   Markov, Bd. 1, S. 299.

| 4 | REZEPTIONS-GESCHICHTE | 5 | MATERIALIEN | 6 | PRÜFUNGS-AUFGABEN |

3.5 Sachliche und sprachliche Erläuterungen

(nach den Franziskanern (cordeliers), in deren Kloster sie tagten), ca. 140]. Dazwischen saßen die 450 Mitglieder der „Ebene", „die vom Tale" (HL 25, 16/R 31, 23), die von den beiden Gruppierungen umworben wurden, sich aber mehr und mehr den Jakobinern zuwandten. Gewählt wurden die Sektionen aus den Provinzen; es gab also keine Wahl von Parteien, die sich erst im Konvent bildeten.

Paris
Kommune: gewählter Stadtrat von Paris
Komitees der Sektionen: 48, bestehend aus je 16 gewählten Mitgliedern
Bevölkerung: eingeteilt in 48 Sektionen.[42]

Erläuterung einzelner Stellen

| HL 4/R 3 | **Mercier** | Louis-Sébastien Mercier (1740–1814), Advokat in Reims, erfolgreicher Schriftsteller eines mehr als 100 Bände umfassenden Werkes, genannt der „Rousseau der Gosse", wurde am 3. Oktober 1793 als Girondist verhaftet, nachdem er zuvor Robespierres Kampfgefährte war, blieb 13 Monate im Gefängnis, überlebte den Terror und wurde Professor der Geschichte an der Centralschule. Er gab Rousseaus Werke heraus und übersetzte Schillers *Die Jungfrau von Orleans*. Zwischen Schiller und ihm bestanden zeitweise Beziehungen; sie beeinflussten sich gegenseitig. Er wurde mit seinen Beschreibungen von Paris 1800 (*Le nouveau Paris*) berühmt, in denen er das Leben während der Revolution beschrieb. |

---

42   Die Zahlenangaben erfolgen nach Jansen, S. 53

1 SCHNELLÜBERSICHT	2 GEORG BÜCHNER: LEBEN UND WERK	3 TEXTANALYSE UND -INTERPRETATION

3.5 Sachliche und sprachliche Erläuterungen

HL 4/R 3	**Payne**	Thomas Payne (auch: Paine) (1737–1809) war ein englisch-amerikanischer Publizist und Philosoph von agitatorischer Kraft, der sich in Amerika (1776–1783) für die Unabhängigkeit der Kolonien und die Aufhebung der Sklaverei einsetzte und wegen des grundlegenden Werks *The Rights of Man* (*Die Menschenrechte*, 1791/1792) von England nach Frankreich fliehen musste. Dort wurde er in den Nationalkonvent gewählt und als Girondist gefeiert, dann aber in den Kerker geworfen, wo er große Teile seines deistischen Werkes *The Age of Reason* (*Das Zeitalter der Vernunft*, 1794/1796) schrieb. Er wurde nach seiner Rückkehr nach Amerika wegen seines angeblichen Atheismus gehasst und starb vergessen.
HL 4/R 3	**Robes-pierre**	Maximilien de Robespierre (1758–1794) war Advokat in Arras und wird auch mehrfach so bezeichnet (u. a. HL 6, 28/R 7, 3). Als Abgeordneter des dritten Standes der Generalstände erlebte er die Revolution in Paris. Er war ein führender Kopf der Jakobiner, erwarb sich durch seine Tugendhaftigkeit den Ruf des „Unbestechlichen" und stand an der Spitze des Wohlfahrtsausschusses. Er war am Ende einem Diktator ähnlich und maßgeblich für den Terror 1793/1794 verantwortlich, der ihn schließlich selbst traf, als er die Ausschüsse endgültig von unbequemen Mitgliedern reinigen wollte. Er wurde vom Konvent gestürzt und – nach einem missglückten Selbstmordversuch – ohne Verfahren hingerichtet.
HL 4/R 3	**St. Just**	Antoine Léon de Saint-Just (1767–1794) studierte die Rechte, wurde Schriftsteller und ein radikaler Revolutionär, dem durch Robespierre Eingang in den Konvent und in den Wohlfahrtsausschuss verschafft wurde. Mehrfach war er als dessen Mitglied an den Fronten und wirkte auf die Truppen ein, auch mit der Guillotine drohend. Er schloss sich uneingeschränkt Robespierre an, den er auch zur Vernichtung Dantons aufforderte.

4 REZEPTIONS-GESCHICHTE	5 MATERIALIEN	6 PRÜFUNGS-AUFGABEN

3.5 Sachliche und sprachliche Erläuterungen

HL 4/R 3	**Dillon**	Arthur Dillon (1750–1794), geborener Engländer, der 1792 General der Ardennenarmee war und als Girondist hingerichtet wurde.[43]
HL 4/R 3	**Julie Danton**	Danton heiratete 1793 seine zweite Frau Sébastienne-Louise, geb. Gély, als Sechzehnjährige. Sie überlebte Danton, heiratete 1797 erneut und starb erst 1856. Die hier agierende Frau ist frei erfunden.
HL 4/R 3	**Lucile**	geb. Duplessis, Frau des Camille Desmoulins (1771–1794); die Umstände ihres Todes sind frei erfunden. Büchner hat sich wahrscheinlich von *Denkwürdigkeiten* anregen lassen, in denen beschrieben wurde, wie zehn Frauen, die nicht den Mut hatten, Gift zu nehmen, riefen „Es lebe der König!" und damit dem Tribunal ihren Tod übertrugen.[44]
HL 5, 1/R 5, 6	**Sieh die hübsche Dame**	Mit dieser demonstrativen Eröffnung des Zeigens wird ein produktives Wortfeld „Drama, Theater" eröffnet.
HL 5, 3/R 5, 8f.	**Coeur/ Carreau**	Es werden zwei Farben aus dem Kartenspiel genannt. Die Wendung ist frech und obszön. Büchner hatte ein natürliches Verhältnis zu Sexualität und Erotik. Danton eröffnet die „Liebeshandlung", nicht nur für sich, sondern für die Genuss suchenden Freunde und Mitrevolutionäre. Der zeichenhafte Gebrauch der Kartennamen ist unmissverständlich und frivol: rotes ♥ = Liebe, ♦ = Raute, Sex; Héraults Variation der Eröffnung – „die Herren und Damen fallen so unanständig übereinander" (HL 6, 5 f./R 6, 15 f.) – setzt den Gedanken fort, zumal das Verhältnis zu Sexualität und Liebe betont wird. Mit den beiden Zeichen „Herz" und „Karo-Raute" (Symbol für das weibliche Geschlechtsorgan) wird die Spanne von empfindsamer Neigung bis zum spontanen Geschlechtsverkehr geschaffen. Das Thema der Liebe ist für Büchners Drama ebenso wichtig wie das der Revolution.[45]

———

43 Vgl. Bergemann (Hrsg.), *Büchner: Werke und Briefe*, S. 680.
44 Vgl. Georg Büchner 1813–1837, S. 244.
45 Vgl. dazu auch Christian Milz: *Eros und Gewalt in Danton's Tod*. In: Georg Büchner Jahrbuch 11 (2005-08), Tübingen: Max Niemeyer Verlag, 2008, S. 25 ff.

1 SCHNELLÜBERSICHT	2 GEORG BÜCHNER: LEBEN UND WERK	3 TEXTANALYSE UND -INTERPRETATION

3.5 Sachliche und sprachliche Erläuterungen

HL 5, 22 f./ R 5, 28	**Physio-gnomie**	Ausdruck der Gestalt und des Gesichts; daraus: Physiognomik, die Kunst, innere Eigenschaften aus dem Gesicht zu lesen. Als *Viehsionomik* in Büchners *Woyzeck* satirisch verwendet. Durch Lavaters *Physiognomische Fragmente* (1775–1778) wurde die Lehre populär, die Büchner in seiner Probevorlesung *Über Schädelnerven* ansprach.
HL 6, 9/ R 6, 19	**rote Mütze**	sogenannte phrygische Mütze (rote, spitze Mütze); Freiheitsmütze und seit 1792, anfangs von Robespierre abgelehnt, äußeres Zeichen der Jakobiner und der Freiheitsbäume. Zuerst Mütze der befreiten Galeerensträflinge in Marseille. Büchner hoffte ironisch darauf, dabei zu sein, „wenn noch einmal das Münster (in Straßburg, R. B.) eine Jakobinermütze aufsetzen sollte"[46].
HL 6, 9/ R 6, 19	**der heilige Jakob**	Der *Club breton*, der die revolutionären Mitglieder der Generalstände 1789 vereinigte, tagte seit November 1789 in einem Saal des leeren Klosters St. Jakob. Die radikalen Republikaner wurden deshalb, zuerst spöttisch, Jakobiner genannt.

— — —

46 Brief an Gutzkow vom März 1835. In: Bergemann (Hrsg.), *Büchner: Werke und Briefe*, S. 413.

HL 6, 10/R 6, 20	**Guillo-tinieren**	mit dem Fallbeil köpfen. Der französische Arzt Joseph Ignace Guillotin (1738–1814), gewählt in den Nationalkonvent, entwickelte die These von einer für alle gleichen Enthauptung durch einen einfachen Mechanismus, der auch den Henker entlasten sollte, woraus das Fallbeil wurde. Der Konvent führte es als Hinrichtungsinstrument ein. Ähnliche Hinrichtungsmaschinen gab es schon bei den Persern und in Europa seit dem Mittelalter. – Guillotin entging durch den Sturz Robespierres der Hinrichtung mit der nach ihm benannten Maschine. Büchner sah, ausgelöst vom vermeintlichen Tod seines Freundes Karl Minnigerode – Büchner erfuhr, Minnigerode sei drei Jahre totgequält worden, tatsächlich aber wurde er entlassen und ging nach Amerika –, in der Guillotine eine humanere Methode des Tötens als im Totquälen durch deutsche Regierungen seiner Gegenwart.[47]
HL 6, 13/R 6, 23	**Sokrates**	griech. Philosoph (469–399 v. d. Z.); er betrieb seine Philosophie mündlich durch die Methode der „sokratischen Gespräche", in denen durch Fragen der „Wissende" des Unwissens überführt und zu Erkenntnissen gebracht wurde. Er ging von der Verallgemeinerung des Einzelnen zum Wesen der Dinge vor und entwickelte dabei das kritische Bewusstsein seines Gesprächspartners.
HL 6, 14/R 6, 24	**Alcibiades**	athenischer Politiker und Feldherr (450–404 v. d. Z.); Schüler des Sokrates. Hochbegabt, maßlos und ehrgeizig: steigerte den „sophistischen Individualismus bis zum Exzess ..., zum hemmungslosen Machtmenschen, der seine geniale Begabung und seinen Einfluss auf die Massen allein in den Dienst seines Geltungsbedürfnisses stellte."[48] Darauf zielt das Fragebündel Camilles.

---

47 Vgl. Brief an die Familie vom 26. Oktober 1836. In: Bergemann (Hrsg.), *Büchner: Werke und Briefe*, S. 443.
48 Johannes Irmscher: *SokrateS. Versuch einer Biografie*. Leipzig: Reclam, 1982, S. 77.

1 SCHNELLÜBERSICHT	2 GEORG BÜCHNER: LEBEN UND WERK	3 TEXTANALYSE UND -INTERPRETATION

3.5 Sachliche und sprachliche Erläuterungen

HL 6, 21/R 6, 32	**Heber- tisten**	Anhänger von Jacques René Hébert (1757–1794), Publizist, Volksredner. Der radikale Republikaner wollte die Macht des Wohlfahrtsausschusses umlenken auf die Pariser Kommune, in der er mit seinen Anhängern herrschte. Sie waren entschiedene Atheisten und forderten, das Christentum durch den Kult der Vernunft zu ersetzen. Die Kirche Notre Dame wurde der Tempel der Vernunft. Von Robespierre angeklagt, während der Verhandlung als Feigling erscheinend (HL 25, 21/R 31, 29: „der schändliche Hébert") wurde er am 24. März 1794 hingerichtet. Kurz darauf beginnt das Stück.
HL 6, 23/R 6, 34	**Dezem- virn**	lat.: decem viri = zehn Männer. 449 v. d. Z. hatten zehn Senatoren, „Decemvirn", die Gesetze Roms zu formulieren. Für die Dauer ihrer Arbeit bekamen sie eine uneingeschränkte Machtbefugnis. Der Begriff wurde auf den Wohlfahrtsausschuss übertragen. Der Virginia-Stoff, damit Lessings *Emilia Galotti*, gehört in diesen Umkreis. Vgl. 3. Akt, 5. Szene: Dillon will den Wohlfahrtsausschuss (die Dezemvirn) töten und in der 9. Szene (vgl. HL 54, 11/R 68, 16) will Danton ihnen die Leichenrede halten und wird vom Volk bestärkt. Mit dem Ausruf „Nieder mit den Dezemvirn!" beginnt die 10. Szene (HL 55, 13/R 70, 4), womit deutlich wird, wie gefahrvoll die Situation nun für Robespierre geworden ist; demagogisch wird die Situation gekippt.
HL 6, 26/R 7, 1	**Antedilu- vianer**	lat.: Menschen vor der Sintflut; in grauer Vorzeit Lebende, die ungebildet und unentwickelt sind.
HL 6, 28/R 7, 3	**Advokat von Arras**	Robespierre

66   GEORG BÜCHNER

4 REZEPTIONS-GESCHICHTE	5 MATERIALIEN	6 PRÜFUNGS-AUFGABEN

3.5 Sachliche und sprachliche Erläuterungen

HL 6, 29/R 7, 4	**Genfer Uhrmacher**	Jean-Jacques Rousseau (1712–1778); entscheidender Philosoph im Vorfeld der Revolution, war zuvor Uhrmacher. Rousseau forderte in der Schrift *Vom Ursprung der Ungleichheit unter den Menschen* die Bewahrung der „Moralität". 1762 erschien der *Gesellschaftsvertrag*, der die Menschen in einer freien gesellschaftlichen Vereinigung zusammenführen wollte, in der keiner so reich sein sollte, sich einen Menschen zu kaufen, und keiner so arm, sich verkaufen zu müssen. Der Vertrag wurde unter die Losung gestellt „Retour à la nature" (Zurück zur Natur), die ein alternatives Leben bezeichnete, in dem es zwar Eigentum gab, das aber gleich verteilt werden sollte. Diese Ideen gehörten zur „Mechanik" (HL 6, 28/R 7, 4). Rousseau war einer der einflussreichsten europäischen Philosophen des 18. Jahrhunderts.
HL 6, 32/R 7, 7	**Marats Rechnung**	Jean Paul Marat (1744–1793), Sprachlehrer, hoch gebildeter Naturwissenschaftler, Arzt, radikaler Revolutionär, Herausgeber des *Ami du peuple*, Präsident des Jakobinerklubs. Seine Ermordung durch Charlotte Corday d'Armans im Bad (13. Juli 1793) war eine spektakuläre Tat, die Maler und Dichter bis heute immer wieder inspiriert. Er hatte die Ermordung der Girondisten mit der Rechnung verteidigt: „Wenn ich dazu geraten habe, 500 Verbrecherköpfe fallen zu lassen, so geschah das nur, um 500.000 Unschuldigen ihre Köpfe zu erhalten."[49]
HL 6, 38/R 7, 16	**Die Revolution muss aufhören ...**	Die Formulierung geht auf eine Bittschrift aus Lyon zurück, die den Konvent erreichte und erbat, „dass auf die Herrschaft des Terrors jene der Liebe folgen müsse"[50]. Es handelt sich um einen zentralen Satz des Stückes, da in ihm der Gegensatz zwischen jakobinischem Terror und Versuch der Liberalisierung Dantons zum dramatischen Konflikt wird.

---

49 Vgl. Bergemann (Hrsg.), *Büchner: Werke und Briefe*, S. 699.
50 Markov, Bd. 1, S. 390. Vgl. dazu auch: *Studienausgabe und Sonderdruck* (Für die Mitglieder der Georg Büchner Gesellschaft, Marburg 1980, S. 15): Danach hat Büchner das Zitat aus *Unsere Zeit, oder geschichtliche Übersicht der merkwürdigsten Ereignisse von 1789–1830 ...* bearbeitet von Carl Strahlheim, Stuttgart 1826–1830, Bd. XII, bezogen.

| 1 SCHNELLÜBERSICHT | 2 GEORG BÜCHNER: LEBEN UND WERK | 3 TEXTANALYSE UND -INTERPRETATION |

3.5 Sachliche und sprachliche Erläuterungen

HL 7, 16/R 8, 1	**nackte Götter** usw.	Die Jakobinerdiktatur übernahm Symbole und Attribute aus der römischen Republik (510–31 v. d. Z.). Camille erklärt die zwei Seiten dieser Republik. Die eine war die Repräsentation der Macht; sie geschah durch Männer. „Die Römer" betraf Alltag, „Rüben kochen" und Kampf, „Gladiatorenspiele". Auf die Stückgegenwart bezogen stehen dafür die Märtyrer Marat und Chalier (1747–1793). Die andere Seite, von der Macht misstrauisch betrachtet, zeitweise verboten und streng geregelt, waren orgiastische Feiern wie die Bacchanalien, die zuerst nur für Frauen waren. Sie galten der Lust, dem Wein und der Liebe. Auf die Stückgegenwart bezogen stehen dafür Epikur (der Philosoph vertrat eine, wenn auch maßvolle Genusslehre) und „Venus mit dem schönen Hintern" (HL 7, 21/R 8, 7 f.), eine wörtliche Übersetzung ihres Beinamens „Kallipygos".
HL 7, 24/R 8, 11	**Ich werde, du wirst, er wird**	Danton spielt mit dem grammatischen Futur und verspottet damit Vorstellungen von der Zukunft. Nicht bezweifelt wird die Zukunft, aber ihre Inhalte – Ideale und Illusionen, die sich in den Menschen gebildet haben. Unabhängig von den Utopien vollzieht sich die Revolution objektiv und lässt den Revolutionären nur einen kleinen Handlungs- und Entscheidungsraum.
HL 7, 31/R 8, 19	**Das ‚und' dazwischen ist ein langes Wort**	Dantons Belehrung für seine Freunde ist selbstkritisch. Zuerst meint er, Ehrlichkeit allein reiche für revolutionäres Handeln nicht aus. Dann weiß er, dass die ehrlichen Leute das wohlhabende Bürgertum sind, und dass sie nicht berechtigt sind, mit moralischen Kategorien zu arbeiten, denn während sie den sinnlichen Genuss für sich fordern, hat die Masse des Volkes nicht die Möglichkeit. Ehrlich sind die Dantonisten deshalb nicht: „Man nennt uns Spitzbuben und ... es ist, unter uns gesagt, so halbwegs was Wahres dran." (sagt Lacroix, 24, 13 ff.)

| 4 | REZEPTIONS-GESCHICHTE | 5 MATERIALIEN | 6 PRÜFUNGS-AUFGABEN |

3.5 Sachliche und sprachliche Erläuterungen

HL 7, 40/R 8, 28	**Catonen**	unüblicher Plural des Namens Cato. Büchner meint zwei Personen mit diesem Namen: Einmal den römischen Beamten und sittenstrengen Politiker Marcus Porcius Censorius Cato (234–149 v. d. Z.), ein Vorbild Robespierres. Bekannt wurde er, weil er am Ende jeder seiner Reden die Zerstörung Karthagos forderte. Der andere war Marcus Porcius Cato Uticensis, der Urenkel des vorigen (95–46 v. d. Z.) Er war ein glühender Verehrer der überholten republikanischen Staatsordnung in Rom; der ehrenwerte, moralisch lautere Staatsmann, ähnlich Robespierre, nahm sich nach einem Sieg Cäsars das Leben. Das hatte Büchner in Schulaufsätzen über den Selbstmord und Kato (so bei Büchner) von Utika interessiert.[51] Das Beispiel war literarisch durch J. Chr. Gottscheds *Sterbenden Cato* (1732) bekannt, das Stück stand in einer weltliterarischen Reihe von Vergil und Horaz bis zum Engländer Addison.
HL 8, 8/ R 9, 8	**Simon**	Der Regisseur Alexander Lang äußerte die Vermutung, ein gewisser J. F. Simon, 1777 von Basedows Philanthropinum in Dessau abgegangen, ein deutscher Lehrer, könne dieser Simon sein. Der Büchner-Forscher Poschmann schätzte ein: „Der betrunkene Phraseur Simon ein verkommener deutscher Lehrer? Darauf sind die Büchner-Forscher noch nicht gekommen – danke für die Spur!"[52]
HL 8, 9 f./R 9, 8	**Sublimat-pille**	Das giftige Quecksilberchlorid wurde gegen Geschlechtskrankheiten wie die Syphilis eingesetzt. Die „Sünde" („Kuppelpelz" war der Lohn für den Kuppler) kam durch den Sündenfall (die Verführung Adams mit einem Apfel durch Eva im Paradies) in die Welt, deshalb „Sündenapfel".

---

51 Vgl. Bergemann (Hrsg.), *Büchner: Werke und Briefe*, S. 469 ff.
52 Programmheft der Inszenierung von *Dantons Tod* am Deutschen Theater Berlin, Spielzeit 1980/1981.

| 1 SCHNELLÜBERSICHT | 2 GEORG BÜCHNER: LEBEN UND WERK | 3 TEXTANALYSE UND -INTERPRETATION |

3.5 Sachliche und sprachliche Erläuterungen

HL 8, 13 f./R 9, 14 f.	Römer, Vestalin usw.	eine heiter-ironische Stelle des Stücks: Simon, der Souffleur, setzt das im Theater Abgehörte ein und spricht pathetisch in fünffüßigen Jamben wie in den klassischen Stücken Goethes und Schillers; er setzt gleichzeitig die metaphorischen römischen Attribute der Revolution ein. Form und Inhalt widersprechen aber dem profanen Hintergrund: Simons Tochter arbeitet als Hure. Das wird nochmals konterkariert durch den Hinweis auf Virginius, der seine Tochter um der Ehre willen umbrachte. Satirisch wirkt Simons Auftritt, vergleicht man ihn mit dem ersten Hinweis auf Virginius durch die Erwähnung der Dezemvirn. Insgesamt mutet die Szene wie ein Satyrspiel zu Lessings *Emilia Galotti* (2. Aufzug, 2. Auftritt) an.
HL 9, 18/R 10, 25 f.	Lukretia, Appius Claudius	Das ironische Spiel wird fortgesetzt. Lukrezia, die sich erstach, nachdem sie entjungfert worden war, und Appius, der Verführer Virginias, setzen die Reihe der Anspielungen auf den römischen Stoff und seine moderne Version bei Lessing (*Emilia Galotti*) fort. Solche Ehrvorstellungen sind in der Revolution hinfällig geworden, die moderne Lukretia stirbt auch nach „dem Verlust ihrer Ehre ..., aber etwas später als die Römerin, im Kindbett oder am Krebs oder aus Altersschwäche" (HL 50, 7 ff./R 63, 6 f.).
HL 9, 21/R 10, 28	Ihr Hunger hurt und bettelt	Das erinnert an Büchners Satz aus dem „Fatalismusbrief": „Was ist das, was in uns lügt, mordet, stiehlt?"[53], der ergänzt um „was in uns hurt" (HL 34, 18/R 43, 3) von Danton gesprochen wird. Danton bewertet einerseits das Schicksal als fatalistisch, andererseits gesteht er dem Lebenskampf eine soziale Begründung und Handlungsfreiheit zu. Der Satz wird mehrfach variiert eingesetzt, auch in der Begegnung zwischen Danton und Robespierre: „Ist denn nichts in dir ... du lügst, du lügst!" (HL 21, 13 f./R 25, 27 f.). Robespierre zweifelt schließlich. „Ich weiß nicht, was in mir das andere belügt." (HL 22, 32/R 27, 27 f.) und wirkt für den Augenblick menschlich.

---

53 Bergemann (Hrsg.), *Büchner: Werke und Briefe*, S. 395.

4 REZEPTIONS-GESCHICHTE	5 MATERIALIEN	6 PRÜFUNGS-AUFGABEN

3.5 Sachliche und sprachliche Erläuterungen

HL 10, 3/R 11, 18	wer auswärts geht	Wer ins Ausland geht. Teile des Adels hatten nach der Revolution Frankreich verlassen, sich im Ausland gesammelt und griffen von da aus das revolutionäre Frankreich an.
HL 10, 12 ff./ R 11, 29 ff.	Die da liegen in der Erden ...	Ende des Schinderhannes-Liedes, nach dem 1803 hingerichteten Räuberhauptmann Johann Bückler[54], der Ende des 18. Jahrhunderts am Rhein mit seiner Bande Schrecken und Hoffnung verbreitete. Büchner lernte das Lied vermutlich durch seinen Freund August Becker kennen.
HL 10, 17/R 11, 34	Hanflocke	Strick zum Aufhängen; Büchner bekannte sich zum Einsatz des Strickes: „Wenn es einmal ein Missjahr gibt, worin nur der Hanf gerät! Das sollte lustig gehen, wir wollten schon eine Boa Constriktor zusammen flechten."[55]
HL 10, 25/R 12, 10	Ohnehosen	eigentlich falscher Begriff, franz.: sansculottes = ohne Kniehosen. Bezeichnung für einen Revolutionär von 1789, der Pantalons – lange Hosen – trug; das war der Gegensatz zu den Kniehosen (Culotten) der Adligen.
HL 11, 1/R 12, 27	Aristides	Der „Unbestechliche" und „Aristides" sind Bezeichnungen für Robespierre. Aristides (550–468 v. d. Z.), ein athenischer Politiker und Feldherr, wirkte als Stratege in der Schlacht von Marathon und als Flottenbefehlshaber. Er gilt als Muster von Gerechtigkeit und Unbestechlichkeit.

---

54 Bergemann (Hrsg.), *Büchner: Werke und Briefe*, S. 680.
55 Brief an Gutzkow vom März 1835. In: Bergemann (Hrsg.), *Büchner: Werke und Briefe*, S. 413.

| 1 SCHNELLÜBERSICHT | 2 GEORG BÜCHNER: LEBEN UND WERK | 3 TEXTANALYSE UND -INTERPRETATION |

3.5   Sachliche und sprachliche Erläuterungen

| HL 11, 21/R 13, 12 | **Baucis** usw. | Die 2. Szene (1. Akt) beginnt als Satyrspiel zu einer Szene aus Lessings *Emilia Galotti*, sie endet als Parodie bekannter Szenen: Baucis weist auf die mythische Szene des bescheiden-zufriedenen Ehepaares Philemon und Baucis aus Goethes *Faust II* (1832) hin, „Kohlen auf mein Haupt" parodiert die Bibel (Römer 12, 20: Wenn man einem Feind Gutes tue, sammele man „feurige Kohlen auf sein Haupt"), Porcia, die Tochter Catos, parodiert das Cato-Thema (In Gottscheds *Cato* stirbt dieser mit „So vergebt es mir!") und „Sein Wahnsinn ..." ist ein Zitat aus Shakespeares *Hamlet* (5. Akt, 2. Szene), allerdings so profan verwendet, dass es in sein Gegenteil umschlägt. Diese Zitatfolge und -parodie trivialisiert Empfindungen hoch stehender oder weiser Personen und entwertet sie sowohl inhaltlich als auch personell, indem sie von dem betrunkenen und korrupten Souffleur Simon verwendet werden. Jede Idealität wird dadurch zerstört. |

| 4 | REZEPTIONS-GESCHICHTE | 5 MATERIALIEN | 6 PRÜFUNGS-AUFGABEN |

3.5 Sachliche und sprachliche Erläuterungen

HL 11, 31/R 13, 26	**Lyoner**	Ein Lyoner Jakobiner beklagt sich über die Barmherzigkeit des Klubs gegenüber den Feinden der Revolution. In Lyon war es zu einem Aufstand der Monarchisten gekommen (deshalb war Lyon „Hure der Könige", HL 12, 1/R 13, 34 f.) und hatte im Mai 1793 die jakobinische Verwaltung vertrieben. Für Büchners Zeit bot sich die Parallele darin, dass 1831 und 1834 in Lyon wiederum Aufstände gegen die Regierung ausbrachen, diesmal proletarisch von den Seidenwebern und Arbeitern getragen. Die Konflikte von 1793/1794 waren nach wie vor nicht gelöst. Der General Ronsin, auch Dramatiker (1751–1794), war an der Spitze einer Revolutionsarmee von 6.000 Mann ausgezogen, um die girondistischen Städte Südfrankreichs zu strafen; eine tragbare Guillotine führte er mit sich. Er wurde am 15. März 1794 als Hébertist verhaftet und am 24. März – am Tag, als die Handlung des Stücks beginnt – gemeinsam mit Hébert und anderen hingerichtet, während die Mörder Chaliers – er wurde als Hébertist von den Girondisten in Lyon hingerichtet – sich selbstsicher gaben. Der Lyoner versteht das nicht, Ronsins Wagen zur Guillotine könnte der „Totenwagen der Freiheit" gewesen sein (HL 11, 34 f./R 13, 29). Der Schauspieler Gaillard hatte Selbstmord begangen wie der Römer Cato (S. 69 der vorliegenden Erläuterung). Der Lyoner erinnert an die ruhmvolle Vergangenheit der Erstürmung der Tuilerien (10. August), der Verhaftung Verdächtiger (September) und der Niederschlagung der Girondisten (31. Mai 1793) und bittet um ähnliche Taten, sonst bleibe nur der Selbstmord mit dem Dolch nach Art des Republikaners Cato (HL 12, 10/R 14, 11).
HL 12, 3/R 14, 3	**Pitt**	William Pitt d. J. (1759–1806), Advokat, drohte am 11. Februar 1793, einen Ausrottungskrieg gegen Frankreich zu führen und es in ein „wahres politisches Nichts"[56] zu verwandeln, führte als britischer Premierminister Englands Krieg gegen das revolutionäre Frankreich und war dabei, trotz anfänglicher Misserfolge, populär.

---

56 Wendel, S. 253.

1 SCHNELLÜBERSICHT	2 GEORG BÜCHNER: LEBEN UND WERK	3 TEXTANALYSE UND -INTERPRETATION

3.5 Sachliche und sprachliche Erläuterungen

HL 12, 11/R 14, 13	**Becher des Sokrates**	Sokrates wurde wegen Jugendverderbung und Religionsmissachtung – er habe neue Gottheiten eingeführt und die staatlichen nicht anerkannt – angeklagt, zum Tode verurteilt und trank voller Heiterkeit den giftigen Schierlingsbecher, eine Athener Hinrichtungsart.
HL 12, 19/R 14, 22	**in effigie**	lat.: im Bildnis; nach einem alten Brauch konnte ein Urteil auch in Abwesenheit des Verurteilten bildlich vollzogen werden. Büchner verwendet den Begriff auch bei der Hochzeit des maskierten Brautpaares in *Leonce und Lena*. Büchner bedauerte, dass man noch nicht „die auf Kosten des Volkes Wohllebenden realiter an einen soliden Hanfstrick an die Laterne hängen könnte, wenn sie sich widerspenstig zeigen", und so nur eine Hinrichtung „in effigie" bleibe.[57]
HL 12, 32 f./ R 14, 36	**Medusenhäupter**	Die Medusa ist eine der drei Gorgonen („die Schrecklichen"; Ungeheuer); sie waren Furcht erregend, hatten Schlangen als Haare und verwandelten Menschen, die sie ansahen, in Stein.
HL 13, 3/R 15, 13	**in zwei Abteilungen**	Robespierre meint einerseits die „Faktion" (Gruppe, Fraktion) der Hébertisten, die radikaler als die Jakobiner sein wollte und zu Beginn des Stückes vernichtet ist, andererseits meint er die Dantonisten, die die Revolution beenden wollen.
HL 13, 32 f./ R 16, 7, 9	**Despotismus, Satellit, Tyrann**	Robespierre entwirft ein politisches Programm gegen die Dantonisten: Gewaltherrschaft, Schrecken mit Tugend und gewaltbereiter Einzelherrscher.
HL 14, 8 f./R 16, 31	**Kainszeichen**	Zeichen auf der Stirn des Brudermörders Kain, Kennzeichen des Bösen; gemeint war allerdings das Zeichen, um Kain unter Jahwes Schutz zu stellen.

---

57 Herbert Wender: *Der Dichter von Dantons Tod. Ein ‚Vergötterer der Revolution'*. In: Georg Büchner 1813–1837 (Ausstellungskatalog), S. 224.

4 REZEPTIONS-GESCHICHTE	5 MATERIALIEN	6 PRÜFUNGS-AUFGABEN

3.5 Sachliche und sprachliche Erläuterungen

HL 14, 28 f./ R 17, 14 f.	Tacitus, Sallust, Katilina	römischer Geschichtsschreiber, der eine Republik wünschte und den Desmoulins benutzte, um Robespierres Terror bloßzustellen; römischer Geschichtsschreiber, der über die Verschwörung Katilinas (Catilina) berichtete; Katilina unternahm einen Gewaltstreich gegen die Republik, scheiterte aber. Robespierres Darstellung weist deutlich auf die Verbindung zur römischen Republik hin, die Tacitus ersehnte.
HL 15, 18 f./ R 18, 17 f.	Atheisten, Ultrarevo-lutionäre	Anhänger der Ansicht, dass es keinen Gott gibt; die über alles Maß hinausgehenden Revolutionäre – beide Begriffe meinen die Hébertisten.
HL 15, 29/R 18, 28	Mino-taurus	griechisches Ungeheuer in Gestalt eines Menschen mit Stierkopf; lebte im Labyrinth von Kreta von Menschenopfern.
HL 15, 32/R 18, 31 f.	Medi-ceische Venus	römische Marmorkopie einer griech. Statue; gilt als vollkommene Schönheit. Es gibt mehr als 30 Kopien weltweit.
HL 15, 36/R 18, 35	Medea ihren Bruder	Die zauberkundige Königstochter von Kolchis zerstückelte ihren Bruder Apsyrtos und warf die Teile ins Meer, um sich, Jason und das Goldene Vlies vor der Verfolgung zu retten.
HL 17, 24/R 21, 1	Äther	reiner Urstoff in der griech. Philosophie; poetisch: Himmel.
HL 17, 40 f./ R 21, 19	Nönnlein von der Offen-barung durch das Fleisch	Umschreibung für Prostituierte, wobei christliche Begriffe verwendet werden und vor allem der Diminutiv (Verkleinerung) die Bedeutungsänderung signalisiert. Ähnlich: „Priesterinnen mit dem Leib" (HL 18, 2/R 21, 23).

DANTONS TOD

1 SCHNELLÜBERSICHT	2 GEORG BÜCHNER: LEBEN UND WERK	3 TEXTANALYSE UND -INTERPRETATION

3.5 Sachliche und sprachliche Erläuterungen

HL 18, 1/R 21, 21 f.	gibt einer die Diszi- plin ... zu fasten be- kommen	Züchtigung mit Geißeln, hier übertragen: Er verkehrt mit einer Prostituierten und wird sich dabei eine Geschlechtskrankheit holen.
HL 18, 12/R 21, 33	Adonis	jugendlicher schöner Gott und Geliebter der Aphrodite, der nach seinem Tod durch einen Eber jährlich sechs Monate auf der Erde leben durfte. So verglich man sein Erdenleben mit dem Blühen der Blumen und sein Verschwinden mit dem Welken.
HL 18, 14 ff./ R 21, 35 ff.	Feigen- blatt, gangbare Straße, Herdweg, Quecksil- berblüten u. a.	Alle Begriffe sind Anspielungen auf die Prostituierten in einem frivolen Gespräch. Das Feigenblatt verhüllte die Scham von Adam und Eva, nun steht es im anlockenden Widerspruch zu der „gangbaren Straße" (Metapher für den Körper und die erotischen Zonen der Prostituierten), die sogar ein „Herdenweg" ist, so viele Männer gehen auf ihr. Sie holen sich dabei Geschlechtskrankheiten, die sie mit Quecksilberpräparaten bekämpfen. Danton variiert die Bilder durch die Übertragung auf den Torso (Rumpf einer Statue), in dessen Mitte (Geschlechtsteil) man die Sublimattaufe (Mittel gegen Geschlechtskrankheiten) bekommt, wenn man sie passiert.
HL 18, 39 ff./ R 22, 26 ff.	Toga, Paetus	Begriffe aus der römischen Bezugswelt der Revolutionäre; Cäsar verhüllte sich mit der Toga, als er ermordet wurde; Paetus bekam mit den genannten Worten den Dolch von seiner sterbenden Frau, nachdem sie sich erdolcht hatte.
HL 19, 1/R 22, 31	Terreur	franz.: Schrecken; Herrschaftszeit der Jakobiner 1793/1794 wurde als „Schreckensherrschaft" oder „la terreur" bezeichnet. Wer daraus entkommen ist, hat seine abschreckende Wirkung verloren und die Kinder laufen ihm nach.
HL 19, 14/R 23, 8	Brutus	legendärer Begründer der römischen Republik um 500 v. d. Z., er sicherte den Bestand der Republik und verurteilte dafür sogar seine zwei Söhne zum Tod, als sie den vertriebenen König wieder einsetzen wollten.

3.5   Sachliche und sprachliche Erläuterungen

HL 19, 26 f./ R 23, 21 f.	die Revo- lution ist wie Sa- turn, sie frisst ihre eignen Kinder	Diese berühmte Sentenz geht auf den Mythos zurück, der römische Gott Saturn (griechisch: Kronos) habe seine Kinder verschlungen, da ihm vorausgesagt wurde, einer der eigenen Söhne würde ihn entthronen (berühmtes Bild von Francisco de Goya, Prado, Madrid). Nur Zeus überlebte. Den Satz sprach der Girondist Vergniaud, als er am 31. Oktober 1793 guillotiniert wurde.[58]
HL 19, 27 f./ R 23, 23	sie werden's nicht wagen	Dieser von Danton überlieferte Satz war im Volke verbreitet. Der Henker von Paris vermerkte in seinen Tagebüchern, Danton habe mit diesem Satz auf Warnungen reagiert.[59]
HL 19, 30/R 23, 25	Reliquien	Die kath. Kirche verehrte Gegenstände, aber auch Knochen usw. von Heiligen. Danton wird mit einem toten Heiligen verglichen, Reliquien seien auf die Straße geworfen worden. Lacroix erinnert, indem er von den Gebeinen der Könige spricht, seine Freunde an das Schicksal Marats. Marats Herz wurde nach der Ermordung des Revolutionärs als Reliquie aufbewahrt. Damit wurde des Revolutionärs gedacht, aber er hatte keine Bedeutung mehr. Reliquie zu sein bedeutet Ruhm, sonst Bedeutungslosigkeit.
HL 19, 37/R 23, 33	Schneider von der Sektion der roten Mütze	plebejische Kräfte unter den Jakobinern (rote Mütze = Jakobinermütze) in einer Pariser Sektion, die ihre historische Bedeutung vergrößern, wenn sie Danton ausschalten.
HL 20, 12/R 24, 17	Carma- gnole	wie die rote Mütze eine von den Jakobinern bevorzugte kurze kragenlose Jacke des einfachen Volkes aus der Stadt Carmagnola. Der Begriff wurde vom revolutionären Rundgesang und Tanz übertragen, der 1792 bei der Einnahme von Carmagnola in Piemont entstanden sein soll.

---

58   Vgl. dazu Markov, Bd. 1, S. 362.
59   Sanson, Bd. 2, S. 79.

| 1 SCHNELLÜBERSICHT | 2 GEORG BÜCHNER: LEBEN UND WERK | 3 TEXTANALYSE UND -INTERPRETATION |

3.5 Sachliche und sprachliche Erläuterungen

HL 10, 29/R 24, 35 f.	**Mons Veneris, Tarpejischer Fels**	Venusberg = weiblicher Schamhügel; nach der Römerin Tarpeia, die den sabinischen Belagerern den Zugang zur Burg Roms verriet. Nach ihr wurde der Felsen benannt, von dem man Staatsverbrecher stürzte.
HL 20, 36/R 25, 10	**soziale Revolution**	Der anachronistisch eingesetzte Begriff gilt erst im 19. Jahrhundert, macht aber deutlich, worauf es Büchner bei seiner Revolutionsdarstellung ankam: auf die Vergleichbarkeit mit der Gegenwart.
HL 21, 10 f./ R 25, 23	**Moralphysiognomie**	ungetrübtes, anständiges Gesamtbild des Menschen, aber auch: Gesamtheit seiner von ihm selbst praktizierten moralischen Wertvorstellungen.
HL 21, 14/R 25, 28	**du lügst, du lügst**	Gehört zu Büchners „Fatalismus"-Gedanken, der unterstellt, dass ein unerkanntes und unerkennbares Schicksal über den Menschen herrscht und ihn auch „lügen" lässt.

| 4 REZEPTIONS-GESCHICHTE | 5 MATERIALIEN | 6 PRÜFUNGS-AUFGABEN |

3.5 Sachliche und sprachliche Erläuterungen

HL 21, 32/R 26, 13	**Epikureer**	Danton kennt nur Epikureer. Benannt nach Epikur (342 v. d. Z.–271 v. d. Z.): griechischer Philosoph, Materialist, erklärte das Glück als Lustempfindung und die Überwindung des Schmerzes durch Erinnerung an Freundliches. Das ist ein zentraler Gedanke bei Büchner, nicht nur in *Dantons Tod*. Leonce in Büchners *Leonce und Lena* spricht vom „feinen Epikuräismus"[60], in Briefen begeistert sich Büchner für die Wollust der Schmerzen. Im Stück wird solcher Genuss der Triebbefriedigung sogar Christus zugebilligt, er sei der „feinste" Epikureer gewesen (HL 21, 33/R 26, 14). Dadurch kann sich Danton als ein säkularisierter Christus in diese Reihe stellen, dessen Gegensatz der „Blutmessias" Robespierre wird. Wenn sich Unglück genießen lässt, hört die Revolution auf. Die Gestalt Dantons hat an dieser Stelle die historische Vorlage verlassen und wird vom Charakter Büchners geprägt. Der revolutionäre Kampf, so Dantons Erkenntnis, ist ergebnislos wie die bisherige Geschichte der Menschheit: Chaos und Nichts gehören zu den letzten Worten Dantons (vgl. HL 64, 21/R 80, 5 f.).
HL 21, 40/R 26, 22	**proskri-pieren**	lat.: ächten, Vermögen einziehen
HL 21, 42 f./ R 26, 25	**um bei deinen Begriffen zu bleiben**	Danton will die Gesprächsebene Robespierres finden, also das „windschiefe" Gespräch beenden und zu einem vernünftigen Dialog kommen. Bisher reagierten die Gesprächspartner auf Stichworte: töten – Mord; Laster – Tugend; reines Gewissen – Eitelkeit; Tugend – Laster. Danton bemerkt, dass sich der Dialog im Kreise dreht (Tugend – Laster) und versucht einen Kompromiss, indem er sich der Begriffe Robespierres annimmt.

---

60   Vgl. Bergemann (Hrsg.), *Büchner: Werke und Briefe*, S. 128.

| 1 SCHNELLÜBERSICHT | 2 GEORG BÜCHNER: LEBEN UND WERK | 3 TEXTANALYSE UND -INTERPRETATION |

3.5 Sachliche und sprachliche Erläuterungen

HL 22, 5/R 26, 30	**Es starb kein Unschuldiger**	Carlyle beschreibt in seiner Geschichte der Französischen Revolution die Begegnung zwischen Danton und Robespierre so: *„Freunde, die vor dem Ausgang eines Streites zwischen ihnen zitterten, brachten sie zusammen. ‚Es ist recht', sagte Danton, seinen Unwillen verschluckend, ‚dass man die Royalisten unterdrückt; aber man sollte nicht schlagen, als wo es der Nutzen der Republik erfordert, man sollte nicht die Unschuldigen mit den Schuldigen vermengen.' ‚Und wer sagt dir', erwiderte Robespierre mit giftigem Blicke, ‚dass ein Unschuldiger umgekommen ist?' ‚Quoi?', sagte Danton, sich zu Freund Paris oder Fabricius, wie er sich selbst getauft hat, dem Geschworenen im Revolutionstribunal, wendend, ‚Was, nicht **ein** Unschuldiger? Was sagst du dazu, Fabricius!'"*[61]
HL 23, 38/R 29, 7	*Der alte Franziskaner*	franz.: *Le vieux Cordelier*, von Camille Desmoulin herausgegebene gemäßigte Zeitung, die Danton unterstützte. Er hatte den Klub der Cordeliers (Franziskaner) gegründet.

---

61 Carlyle, ebd., 3. Bd., S. 265.

3.5 Sachliche und sprachliche Erläuterungen

HL 23, 41/R 29, 10	**Blut-messias** usw.	Das von St. Just vorgetragene Zitat ordnet Robespierre in eine mörderisch akzentuierte christliche Tradition ein und beschreibt eine Art Altarbild. Im Angesicht der Absage an diese Tradition, Gott wurde durch die Göttin der Vernunft (Fest der Vernunft, November 1793) ersetzt und im Oktober hatte eine „Entchristlichungskampagne" begonnen[62], war das eine schwere Beleidigung. Als Messias wurde Jesus Christus bezeichnet, der Erlöser und Friedensbringer, die Kreuzigungsstätte Christi Golgatha wurde als Kalvarienberg bezeichnet und die beiden Schächer (Straßenräuber, Mörder), zwischen denen er hing, werden hier durch Couthon (1755–1794, Anhänger Robespierres) und Collot (1750–1796, Mitglied des Wohlfahrtsausschusses und Präsident des Konvents, Schauspieler und Dramatiker) ersetzt. Maria (Mutter Jesu) und Magdalena (Sünderin und Büßerin, war bei der Grablegung Christi dabei) werden durch Guillotinen-Betschwestern ersetzt, gemeint sind Prostituierte. Robespierres Vertrauter St. Just erscheint als Christi Lieblingsjünger Johannes, der mit den Offenbarungen das Jüngste Gericht beschreibt. Hier sind es „apokalyptische Offenbarungen" (HL 24, 5/R 29, 15 f.).
HL 24, 7/R 29, 18	**St. Denis**	Der Hlg. Dionysius, der erste Bischof von Lutetia, erlitt den Märtyrertod; gilt als Apostel der Gallier und ist Nationalheiliger Frankreichs. Er wurde enthauptet, hob sein blutendes Haupt auf und ging damit bis zum heutigen Vorort Denis.
HL 24, 16 f./ R 29, 29 f.	**das hippo-kratische Gesicht**	das Gesicht des Menschen beim Sterben, wie es der griechische Arzt Hippokrates (460–377 v. d. Z.) beschrieb; beliebter zeitgenössischer Ausdruck, vor allem bei Jean Paul.

---

62 Vgl. Markov, Bd. 2, S. 523.

HL 24, 33 f./ R 30, 12	**Wollust der Schmerzen**	eine in der Romantik verbreitete Beschreibung für den christlichen Glauben, so auch in Heinrich Heines *Romantischer Schule*, wo er die Passionsblume als Symbol des Christentums beschreibt, dessen „schauerlichster Reiz eben in der Wollust des Schmerzes" besteht.[63] Ist aber auch Haltung des Epikureers.
HL 24, 37/R 30, 17	**Menschen Sohn**	Robespierre nimmt den Vergleich mit Christus auf (Menschensohn = Christus), sieht sich in ähnlichen Qualen (Gethsemanegarten = Jesus betete hier in seiner Angst), beendet den Vergleich schließlich: Erlösung durch Opfer ist nicht möglich.
HL 25, 17/R 31, 25	**Brutus**	(85–42 v. d. Z.), der bekannteste der Verschwörer gegen Cäsar; verheiratet mit Porcia, der Tochter des Cato von Utica. Cäsar soll während des Mordes zu ihm gesagt haben: „Auch du, mein Sohn Brutus!"; heute ist das eine sprichwörtliche, ironisch gebrauchte Redensart.
HL 26, 25/R 32, 18	**31. Mai**	31. Mai 1793 Volksaufstand und Sturz der Gironde, 29 Girondisten wurden verhaftet, die Jakobinerdiktatur begann.
HL 26, 41/R 33, 21	**Epigramm**	Im Gegensatz zum umfangreichen „Epos" ist das E. eine kurze epische Form als Aufschrift auf Denkmalen und Grabmälern. Dazu wurde meist das Distichon verwendet (Hexameter und Pentameter). Eines der frühesten und bekanntesten Epigramme ist das für die Thermopylenkämpfer: „Wanderer, kommst du nach Sparta, verkündige dorten, du habest/uns hier liegen gesehn, wie das Gesetz es befahl."
HL 28, 36/R 36, 2	**Christinlein ...** usw.	Büchner zitiert vermutlich, wie bei ihm häufig, ein hessisches Soldatenlied.[64]

---

63 Heinrich Heine: *Die Romantische Schule*. In: Werke. Hrsg. von Ernst Elster. Leipzig: Bibliographisches Institut, o. J., Bd. 5, S. 217.
64 Bergemann (Hrsg.), *Büchner: Werke und Briefe*, S. 677.

4 REZEPTIONS-GESCHICHTE	5 MATERIALIEN	6 PRÜFUNGS-AUFGABEN

3.5 Sachliche und sprachliche Erläuterungen

HL 30, 9/R 37, 30	**Mario-nette**	Gliederpuppe an Fäden; für Büchner war die M. das Sinnbild der Abhängigkeit des Menschen von Schicksal und unerkannten Mächten. Der Begriff kommt in seinen Briefen und Werken vor, variiert mit Automaten, Puppe, Maske u. a. Sie sind Ausdruck für eine Determination, die der Mensch nicht verstehen kann und die ihn abhängig vom Schicksal macht. Das Wortfeld wird besonders auffällig in *Dantons Tod* („Puppen sind wir ..." HL 34, 20/R 43, 5 ff.) bedient und auch in Briefen verwendet.
HL 30, 16/R 38, 5	**Ideal**	Die drei Akte und die fünffüßigen Jamben, die Camille nennt, weisen auf das aristotelische und das deutsche klassische Drama hin, das Camille ablehnt als „Ideal", weil es nichts mit der Wirklichkeit zu tun habe. Das ist Büchners Meinung; Camille konnte das klassische deutsche Drama kaum kennen. Büchner lehnte die „sogenannten Idealdichter" ab, – besonders Schiller – weil *„sie fast nichts als Marionetten mit himmelblauen Nasen und affektiertem Pathos, aber nicht Menschen von Fleisch und Blut gegeben haben, deren Leid und Freude mich mitempfinden macht und deren Tun und Handeln mir Abscheu oder Bewunderung einflößt. Mit einem Wort, ich halte viel auf Goethe und Shakespeare, aber sehr wenig auf Schiller"*[65].
HL 30, 28/R 38, 19	**Pygma-lion**	Ovid erzählte in den *Metamorphosen* die Geschichte P.s, König von Zypern. Er verliebte sich in eine von ihm geschaffene elfenbeinerne Mädchenstatue, die daraufhin von Venus zum Leben erweckt wurde, aber keine Kinder bekam. Es ist ein berühmter Stoff der Weltliteratur von Rousseau bis zum Musical *My Fair Lady* (1956). Büchner könnte ihn Heines *Romantischer Schule* entnommen haben, wo die Formulierungen sehr ähnlich sind.

---

[65] Brief an die Familie vom 28. Juli 1835. In: Bergemann (Hrsg.), *Büchner: Werke und Briefe*, S. 423.

| 1 SCHNELLÜBERSICHT | 2 GEORG BÜCHNER: LEBEN UND WERK | 3 TEXTANALYSE UND -INTERPRETATION |

3.5 Sachliche und sprachliche Erläuterungen

HL 30, 30/R 38, 21	**David**	Jacques-Louis David (1748–1825), Maler, aktiver Jakobiner und Mitglied des Konvents; berühmte Gemälde wie der *Schwur im Ballhaus* (1791) und *Der ermordete Marat* (1793). Geschult an der strengen Härte der römischen Antike malte er die Vorgänge der Revolution, die er auch mit großen Festen bediente. Am 10. August 1793 hatte er die riesenhafte Statue der Natur auf den Ruinen der Bastille errichtet, aus deren Brüsten reines Wasser quoll, das die Delegierten des Konvents am nächsten Morgen begeistert tranken.
HL 30, 31/R 38, 23	**Force**	franz.: Stärke, Macht, die starke Seite, übertragen: Pariser Gefängnis.
HL 31, 41 f./ R 39, 36 f.	**Ach Scheiden** ...	Schlussstrophe des hessischen Lieds *Dort droben auf hohem Berge*.[66]
HL 34, 36/R 43, 25 f.	**Der Freiheit eine Gasse!**	Die ursprüngliche Bedeutung des Zitats ist auf den Hund gekommen. Nichts anderes als Obszönitäten und geistigen Tiefflug verbinden Simon und die Soldaten mit dem Zitat. Ursprünglich wird es dem Mönch Arnold von Winkelried zugeschrieben, der sich 1386 mit diesen Worten in die feindlichen Ritterspeere in der Schlacht bei Sempach gestürzt haben soll, um den Schweizern das Eindringen in die Reihen der Ritter zu ermöglichen, und damit die Freiheit der republikanischen Schweiz begründete. Verwendet wurde das Zitat in Schenkendorfs Gedicht *Schill. Eine Geisterstimme* (1809), aufgenommen von Körner in seinem Gedicht *Aufruf* (1813).

---

66 Bergemann (Hrsg.), *Büchner: Werke und Briefe*, S. 666.

| 4 | REZEPTIONS-GESCHICHTE | 5 MATERIALIEN | 6 PRÜFUNGS-AUFGABEN |

3.5 Sachliche und sprachliche Erläuterungen

| HL 36, 20–35/ R 45, 29–46, 10 | **Delaunay, Lafayette, Dumou-riez, Brissot, Fabre, Chabot** | Mit ihnen verglich Robespierre Danton. Hébert, ebenfalls genannt, war bereits hingerichtet worden. Delaunay („die Fälscher", HL 24, 25/R 30, 1) hatte ein Dekret gefälscht, um sich zu bereichern; er wurde mit Danton angeklagt und hingerichtet. Marie Jean Paul Marquis de Lafayette (1757–1834) nahm als General am amerikanischen Unabhängigkeitskrieg teil, schloss sich der Revolution an und legte 1789 den Entwurf zur Erklärung der Menschenrechte vor. Er kommandierte die Nationalgarde und die Nordarmee. 1792 floh er aus Frankreich, nachdem er sich am 18. Juni 1792 mit einem Brief gegen die Jakobiner an den Nationalkonvent gewandt hatte. Charles Francois Dumouriez (1739–1823) war Außen- und Kriegsminister, General der Revolutionstruppen und erfolgreich in der Kanonade von Valmy. Nach einer Niederlage 1793 verdächtigten ihn die Jakobiner als Girondisten; er verriet die Jakobiner und floh nach Österreich, später nach England. Jean Pierre Brissot (1754–1793), gewählt in die Pariser Kommune, führte die Girondisten und war praktisch Außenminister. Er propagierte den europäischen Revolutionskrieg und schwärmte für die Republikanisierung Europas, stimmte für den Tod des Königs, aber für eine Anrufung des Volkes; das war sein Tod. Philippe Francois Nazaire Fabre d'Eglantine (1755–1794), Lustspieldichter, Vertrauter Dantons, wurde mit ihm am 5. April 1794 hingerichtet, Mitglied des Wohlfahrtsausschusses, und der Cordelier und Exkapuziner Chabot, samt seinen reichen österreichischen Schwagern J. und I. Frey („die Fremden", HL 24, 26/R 30, 2). Ihnen wurde Fälschung von Dokumenten vorgeworfen, mit denen öffentliche Gelder veruntreut worden sein sollten. |
| HL 37, 33/R 47, 27 f. | **tellurisches Feuer** | von der Erde kommendes (vulkanisches) Feuer. |

| 1 SCHNELLÜBERSICHT | 2 GEORG BÜCHNER: LEBEN UND WERK | 3 TEXTANALYSE UND -INTERPRETATION |

3.5 Sachliche und sprachliche Erläuterungen

HL 38, 4/R 47, 37	**Weltgeist**	Der philosophisch interessierte und die zeitgenössischen Diskussionen kennende Büchner bezog den Begriff aus der idealistischen deutschen Philosophie; vor allem bei Hegel spielte er eine Rolle: Der Weltgeist oder die absolute Idee waren das geistige Prinzip, das nach Hegels Vorstellung die natürliche und die geschichtliche Welt durchdringen und ihre Entwicklung lenken sollte. Napoleon wurde von Hegel als „Weltgeist zu Pferde" betrachtet. – Der Weltgeist spielte aber schon bei den griechischen Atomisten, u.a. bei Anaxagoras, eine Rolle.
HL 38, 22 f./ R 48, 21	**14. Juli, 10. August, 31. Mai**	Sturm auf die Bastille 1789, Erstürmung der Tuilerien 1792, Beginn der Jakobinerherrschaft 1793.
HL 38, 37/R 48, 37	**Pelias**	Medea veranlasste, dass der mythische König, Sohn des Poseidon, von seinen Töchtern zerstückelt und gekocht wurde, um ihn zu verjüngen. Das scheiterte, Pelias starb.
HL 40, 1/R 50, 3	**Luxemburg**	Ursprünglich Kartäuserkloster und Palais der Maria von Medici. 1790 wurde das Kloster aufgehoben und abgerissen, das Palais wurde nationales Arresthaus. Danton wurde nach seiner Verhaftung mit Camille, Lacroix und Philippeaux dorthin gebracht, dann in die „Concergerie".[67]

---

[67] Vgl. Sanson, Bd. 2, S. 83 (Eintragung vom 11. Germinal), dagegen allerdings: Thomas Michael Mayer (Hrsg.): *Georg Büchner. Danton's Tod*. Ein Drama. Programmbuch zur Inszenierung am Frankfurter Schauspiel. Sonderdruck für die Mitglieder der Georg Büchner Gesellschaft, Marburg 1980, S. 54.

4 REZEPTIONS-GESCHICHTE	5 MATERIALIEN	6 PRÜFUNGS-AUFGABEN

3.5 Sachliche und sprachliche Erläuterungen

HL 40, 3/R 50, 9	**Kopfweh**	Mit Chaumettes Kopfweh wird Schmerz als Thema der Gefängnisgespräche eingeführt; es wird zum Gegensatz der Lust, die die Dantonisten bisher suchten, oder selbst zur Lust, wie bei einem Epikureer. Der Gegensatz von Lust und Schmerz wird von Spinoza in der *Ethik* (11. Lehrsatz)[68] getroffen.
HL 40, 5/R 51, 4	**Anaxagoras**	Chaumette hatte sich als Atheist diesen Namen des griechischen Philosophen (500–428 v. d. Z.) zugelegt; Payne ruft ihn spöttisch so. Der Philosoph a. erklärte die Welt naturwissenschaftlich-kausal und lehrte die materielle Natur des Himmels, der letztlich aus unendlich vielen kleinen Elementen bestehe.
HL 40, 21 f./ R 50, 29	**Quod erat demonstrandum**	lat.: was zu beweisen war. Ursprünglich endeten Euklids Definitionen mit diesem Satz, der 1500 in Venedig lateinisch auftaucht. Danach verwendete Spinoza den Satz bei der philosophischen Beweisführung seiner *Ethik*. Am Ende seiner *Beweise* in der *Ethik* stehen die Buchstaben „W. z. B. w."[69] (= was zu beweisen war). Paynes Beweisführung erinnert in der sprachlichen Anlage an Spinozas Text.

---

68 Spinoza: „Alles, was das Tätigkeitsvermögen unseres Körpers vermehrt oder vermindert, fördert oder hemmt, dessen Idee vermehrt oder vermindert, fördert oder hemmt das Denkvermögen unseres Geistes." Spinoza erklärt die Unterschiede mit Lust und Unlust, die er als „Wollust oder Wohlbehagen" und „Schmerz oder Missbehagen" beschreibt. *Ethik*, 11. Lehrsatz, ebd., S. 165. Im 43. Lehrsatz bekommt der Schmerz eine korrigierende Funktion: „Wollust kann ein Übermaß haben, und schlecht sein, Schmerz aber kann insofern gut sein, sofern Wollust oder Lust schlecht ist." Ebd., S. 298.

69 Vgl. Baruch Spinoza: *Die Ethik*. Leipzig: Reclam, 1887, S. 25 ff.

3.5   Sachliche und sprachliche Erläuterungen

HL 40, 28/R 51, 2	Spinoza	Bedeutendster Philosoph der Niederlande (1632–1677) und einer der einflussreichsten Philosophen aller Zeiten; begründete Freiheit, Tugend und Glück des Menschen unabhängig von christlicher und jüdischer Lehre rational und aus dem menschlichen Handeln. Die französische und die deutsche Aufklärung sowie die deutsche Klassik folgten ihm; er war von überwältigendem Einfluss. Man zählte ihn als „achtes Weltwunder"[70]. S.s System geht von der Substanz aus, die durch sich selbst ist und so weder räumlich noch zeitlich beschränkt sein kann. Ist die Substanz ewig und unendlich, schließt sich eine göttliche Schöpfung aus. (Vgl. Paynes Beweisführung, HL 40, 5 ff./R 50, 11 ff.).
HL 40, 33/R 51, 7	Tripper	Geschlechtskrankheit (Harnröhrenkatarr), zu norddt.: drippen = tropfen.
HL 41, 7/R 51, 18	Voltaire	(eigentlich: François-Marie Arouet (1694–1778), Philosoph und Schriftsteller, Aufklärer und Mitarbeiter an der *Enzyklopädie*. Lebte zeitweise am Hofe Friedrich II. von Preußen. Entschiedener Gegner religiöser Dogmen, setzte dafür das freie Denken als Maßstab, das auch Feind allen Aberglaubens sei. Sein zentraler Begriff war der der „Naturreligion". Er rechnete auch traditionelle Ordnungen zu den Vorurteilen; sein Grundsatz: „Der wahre Philosoph denkt, um zu verändern."
HL 42, 16 f./ R 53, 2	Madame Momoro	Frau des Buchdruckers, Buchhändlers und Autors Momoro, der zeitweise Anhänger Dantons war, mit dem General Ronsin verhaftet und mit den Hébertisten am 24. März 1794 hingerichtet wurde. Seine Frau begeisterte als „Freiheit" und Göttin der Vernunft die Schaulustigen Ende 1793 während der Feiern für die Göttin der Vernunft, „obgleich ihre Zähne etwas mangelhaft waren"[71].

---

70   Baruch Spinoza: *Die Ethik*. Leipzig: Reclam, 1887, S. 6.
71   Carlyle, ebd., Bd. 3, S. 239.

4 REZEPTIONS-GESCHICHTE	5 MATERIALIEN	6 PRÜFUNGS-AUFGABEN

3.5 Sachliche und sprachliche Erläuterungen

HL 42, 22/R 53, 8	**Ölung geben** ... usw.	Um es mit keiner der drei Religionen zu verderben, wird Chaumette der christlich-katholischen (Ölung), der mohammedanischen (Mekka) und der jüdischen (Beschneidung) gerecht werden.
HL 42, 37 und 40 f./ R 53, 26 und 30	**Schlag-fluss, Leich-dörner**	Schlaganfall, Hühneraugen
HL 45, 5/R 56, 20	**Bajazet**	auch: Bayezid, zwei osmanische Herrscher; zeichneten sich durch Grausamkeiten aus. Vermutlich: Bajazet II. (1447–1512), führte zahlreiche Kriege, darunter auch gegen Ägypten.
HL 45, 21/R 57, 5 f.	**Pantheon**	griech.: Ehrentempel für die Götter; bekanntes Bauwerk in Rom. 1758 begann und 1789 vollendete man nach dessen Vorbild den Bau in Paris, in dem der Schrein der Heiligen aufgestellt werden sollte. 1791 beschloss die konstituierende Versammlung, die Kirche zum Ruhmestempel zu machen. Mirabeau, Voltaire und Rousseau wurden hier bestattet, Mirabeau wurde später durch Marat ersetzt, der dann allerdings auch entfernt wurde.
HL 45, 23/R 57, 7	**Mirabeau**	Honoré Gabriel Requeti, Graf M. (1749–1791); führte ein bewegtes, oft armes Leben und wurde vom eigenen Vater gefangen gesetzt. Der gefürchtete, umstrittene, aber geniale Publizist war in England, Holland und Berlin tätig. In Frankreich vertrat er den dritten Stand und wurde von diesem in die Generalstände gewählt. 1790 wurde er Präsident der Jakobiner, 1791 Präsident der Nationalversammlung. Sein Ziel war nicht mit dem der Jakobiner identisch, sondern er strebte nach einer konstitutionellen Monarchie. Deshalb verhandelte er geheim mit der Königsfamilie. Als dies nach seinem Tod und seiner Beerdigung im Pantheon bekannt wurde, entfernte man ihn aus dem Pantheon. Vor Danton war er der populärste Name der Revolution und in Frankreich.

| 1 SCHNELLÜBERSICHT | 2 GEORG BÜCHNER: LEBEN UND WERK | 3 TEXTANALYSE UND -INTERPRETATION |

3.5 Sachliche und sprachliche Erläuterungen

HL 45, 24/R 52, 15	**Orléans**	Herzog Louis Philippe von Orleans (1747–1793), bekannt als Bürger Philippe Egalité. Anhänger der nordamerikanischen Unabhängigkeit. Kurze Zeit war er mit Mirabeau verbündet, dann mit Danton, an dessen Maßnahmen vom 10. August 1792 er sich beteiligte. Mitglied des Konvents bei der Bergpartei. Nachdem Dumouriez mit Orléans' Sohn zu den Österreichern übergelaufen war, ließ ihn Danton fallen, und O. wurde eingekerkert. Das Revolutionstribunal sprach am 6. November 1793 das Todesurteil, das sofort vollstreckt wurde.
HL 45, 25/R 52, 16	**Ludwig XVII.**	(1785–1795), nach der Hinrichtung der Königsfamilie wurde er von seinem Oheim zum König von Frankreich ernannt. Lebte zeitweise im Gefängnis bei seiner Mutter, dann bei dem Schuster Simon und siechte in einsamer Zelle. Nach seinem Tod umgaben ihn bald Legenden, er sei entkommen und lebe weiter. Erst 1999 ergab eine DNA-Analyse am aufbewahrten Herzen des Prinzen, dass er 1795 umgekommen war.
HL 46, 23/R 53, 21	**Marsfeld**	entstanden als Übungsplatz für die Schüler der École militaire. 1791 fand hier eine Abstimmung über die Einführung der Republik statt, bei der es zu Zusammenstößen zwischen den Volksmassen und der Nationalgarde kam. Später fanden hier Staatsaktionen, u. a. 1889 die Weltausstellung, statt.
HL 48,7/ R 55, 16	**Ödipus**	„Schwellfuß": mythischer thebanischer König, der wegen eines Orakels mit durchbohrten Füßen ausgesetzt wurde. Dennoch erfüllte sich das Orakel: Er erschlug unwissentlich seinen Vater, heiratete seine Mutter und lebte mit ihr in Blutschande zusammen. Als er die Wahrheit erfuhr, blendete er sich. Er gilt als das Muster eines Menschen, der tragisch schuldlos schuldig wird. Wenn Laflotte vom „behaglichen Ö." spricht, wird der tragische Teil ausgelassen, sonst aber ist er zu allen Schandtaten wissentlich bereit.

4 REZEPTIONS-GESCHICHTE	5 MATERIALIEN	6 PRÜFUNGS-AUFGABEN

3.5 Sachliche und sprachliche Erläuterungen

HL 48, 10/R 55, 18	Assignaten	Staatsanweisung, Papiergeld der Französischen Revolution.
HL 48, 33/R 56, 7	Tertie	winzige Zeitlänge: 1/60 Sekunde.
HL 49, 8/R 56, 29	Samson	Sanson – Büchner schreibt stets „Samson" – hieß die Pariser Henkersfamilie, Henri Sanson (1767–1840) war der Scharfrichter während der Schreckensherrschaft. Berühmt wurden seine Tagebücher. Sein Vater Charles-Henri (1740–1793) richtete den König hin, zeigte danach den Kopf des Toten dem Volk und verkaufte anschließend Locken von dessen Haar. Darauf zielt Collots Bemerkung über Danton.
HL 49, 13/R 56, 33 f.	insolente Physiognomien	unverschämte Gesichtsausdrücke.
HL 49, 18/R 57, 3	der hörnerne Siegfried	Der Held der germanischen Sage (*Nibelungenlied*, *Edda*) badete im Blut des von ihm getöteten Drachens, bekam eine Hornhaut und wurde dadurch unverwundbar, mit Ausnahme eines Flecks auf der Schulter, wo ein Lindenblatt verhinderte, dass Blut auf die Haut kommen konnte. Es ist besonders die volkstümliche Variante, die betont wird: *Lied vom hürnen Seyfried* (16. Jahrhundert), *Tragedi des hürnen Sewfried* (Hans Sachs, 1557).
HL 49, 32/R 57, 18	St. Pelagie	ehemaliges Kloster, als Gefängnis genutzt.
HL 51, 15 f./ R 59, 8	Semele	Zeus (Jupiter) erschien ihr auf ihren Wunsch hin, der von Zeus' Frau Hera eingeflüstert wurde, in wahrer Gestalt mit Blitz und Donner; er verbrannte S. damit, beider ungeborenes Kind, Dionysos, trug Zeus, im Schenkel eingenäht, aus.

DANTONS TOD

1 SCHNELLÜBERSICHT	2 GEORG BÜCHNER: LEBEN UND WERK	3 TEXTANALYSE UND -INTERPRETATION

3.5 Sachliche und sprachliche Erläuterungen

HL 51, 32/R 59, 27	Clichy	kleine Stadt bei Paris, in deren ländlicher Atmosphäre sich Revolutionäre, aber auch Royalisten und Emigranten erholten. Nach 1795 bildete sich dort die Société de Clichy, ein Klub der Royalisten.
HL 51, 34 ff./ R 59, 29 ff.	**Haarstern, Rückenmark ausgedörrt, Demahy**	bildhafte Beschreibung eines intensiven Sexuallebens Barères mit seiner Geliebten, vermutlich einer Grisette (namens Demaly). Man war damals der Meinung, dass durch zu häufigen Geschlechtsverkehr das Rückenmark schwach würde.
HL 51, 42/R 59, 37	**Mahomet/ Masoret**	Die Stelle ist nicht eindeutig. Verbreitet wird heute Mahomet geschrieben, gemeint ist ein Fanatiker; Bergemann las Masoret, das ist ein hebräischer Ausdruck für Wortklauber. Franzos erkannte „Masonet" und bezog das auf „Freimaurer".
HL 53, 15 f./ R 61, 23	**Etwas kann nicht zu nichts werden**	Ähnliche Sätze finden sich in Spinozas *Ethik*, z. B. der 27. Lehrsatz: („Ein Ding, das von Gott bestimmt ist, etwas zu wirken, kann nicht sich selbst zu einem nichtbestimmten machen."[72]), der 36. Lehrsatz usw. Auch die folgenden Sätze Dantons korrespondieren mit Lehrsätzen Spinozas. Andererseits finden sich in Büchners Philosophie-Exzerpten ähnliche Zitate aus der griechischen Philosophie.
HL 53, 22/R 61, 30	**der Ewige Jude**	Die älteste Fassung stammt aus einer Sammlung von Ereignissen 1228 in Bologna: Auf dem Wege nach Golgatha verweigerte der Jude Ahasverus Jesus ein Ausruhen und trieb ihn zur Eile an. Zur Strafe muss er als ewiger Jude durch die Welt wandern und auf seine Erlösung warten, die bei Jesu Wiederkehr eintritt. „Oh, nicht sterben können ..." stammt aus Schubarts Gedicht *Der ewige Jude*.

---

72 Baruch Spinoza: *Die Ethik*. Leipzig: Reclam, 1887, S. 54.

| 4 REZEPTIONS-GESCHICHTE | 5 MATERIALIEN | 6 PRÜFUNGS-AUFGABEN |

3.5 Sachliche und sprachliche Erläuterungen

HL 57, 19/R 65, 26	**Brutus**	Wahrscheinlich ist Lucius Junius Brutus gemeint, der als erster Konsul Roms seine Söhne, sein Liebstes, für das Vaterland tötete. Die Sage ist eng mit der der Lucretia verbunden, die im Stück mehrfach zitiert wird, denn Brutus nimmt den Tod Lucretias zum Anlass, um mit dem Volk die Königsherrschaft zu stürzen.
HL 58, 16/R 66, 21	**nach Platon die Engel**	In Platos kosmologischem Gespräch *Timaios* findet sich eine ähnliche Stelle. Zwischen Gott und den Menschen gibt es verschiedene Hierarchien von Dämonen, die sich in Menschen einrichten, um auf Erden zu wandeln. Dabei müssen sie sich menschlichen Bedingungen fügen, also auch Pantoffeln aus Rindsleder tragen, das allerdings wenig aushalten muss, weil Engel leicht und nur kurzzeitig auf der Erde sind. Diese Pantoffeln aus schlechtem Leder sind Zeichen von Armut.
HL 59, 31/R 74, 10	**Wie schimmernde Tränen sind die Sterne**	Wenn Danton am Ende seiner Meditationen Sterne als schimmernde Tränen betrachtet, spricht er wie ein junger Romantiker. In Lessings *Emilia Galotti* sind Sterne wie Perlen, Perlen bedeuteten Tränen. Durch die Romantik wurde den Sternen eine Bedeutung auferlegt, die sie zu Spiegeln des menschlichen Gefühlslebens werden ließ. Wenn Sterne wie Augen glänzen, glänzen sie auch wie Tränen. Die Abfolge Sterne – Augen – Tränen war zu Büchners Zeit eine verbreitete Reihe. Büchner setzte das Motiv im Volkslied der nächsten Szene fort.
HL 60, 16 ff./ R 75, 2 ff.	*Nachtgedanken, Pucelle*	Camille greift nach Edward Youngs *Nachtgedanken* (1742–1746), elegische Verse über Tod und Unsterblichkeit, die Young nach dem Tod seiner Frau und seiner beiden Stiefkinder schrieb, Danton nach *La Pucelle d'Orléans* (1755), ein satirisches Epos über die Jungfrau von Orléans.

3.5 Sachliche und sprachliche Erläuterungen

HL 61, 25 ff./ R 76, 20 ff.	**Es stehn zwei Sternlein an dem Himmel ...**	Die ersten beiden Verse variieren leicht das Lied *Stehn zwei Stern am hohen Himmel* (Volkslied aus dem Westerwald).
HL 62, 6/R 77, 10 f.	**des vers**	Fabre, der Dichter, und Danton sprechen im Gefängnis miteinander. Fabre d'Eglantine, Philippe-François-Nazaire (1755–1794) war zeitweise Generalsekretär des Justizministers Danton und Lustspieldichter. Er gewann den Preis der wilden Rose (églantine). Seine Stücke waren denen Diderots und Beaumarchais' ähnlich, allerdings weniger gelungen. Auf ihn gehen die Monatsnamen der Revolution zurück. Dantons Rede im Kerker ist ein Wortspiel für Dichter und Todeskandidaten: Sie werden jetzt das machen, „was du dein ganzes Leben hindurch gemacht hast – des vers". Das Wort bedeutet Verse und Würmer gleichermaßen.
HL 62, 13/R 77, 17	**Couthon**	Georges-Auguste Couthon (1755–1794) war so gebrechlich, dass er meist in einem Wagen gefahren oder einem Sessel getragen werden musste. Er wurde auch „der lahme C." genannt.[73]
HL 62, 17/R 77, 21	**die kosmopolitischsten Dinge**	Danton sagt den letzten revolutionären Werten ab; an die Stelle der revolutionären Forderung „Freiheit, Gleichheit, Brüderlichkeit", die ebenfalls kosmopolitisch, also für die Welt, verstanden wurde, rücken nun „Freiheit und Hure".
HL 62, 19/R 77, 23 f.	**Klytämnestra**	Schwester der Helena, Mutter der Iphigenie, Frau des Agamemnon; nach dessen Rückkehr aus dem Krieg um Troja – er brachte sich als Siegespfand Kassandra mit – ermordete ihn K. zusammen mit ihrem Geliebten Aigisthos im Bade. Sie wurde daraufhin von ihrem Sohn Orest erschlagen.

---

73 Carlyle, ebd., Bd. 3, S. 61.

| 4 REZEPTIONS-GESCHICHTE | 5 MATERIALIEN | 6 PRÜFUNGS-AUFGABEN |

3.5 Sachliche und sprachliche Erläuterungen

HL 62, 33/R 78, 3	Simson	Mit übermenschlichen Kräften ausgestatteter Held. Er zerriss seine Fesseln, mit denen er zu den Philistern gebracht wurde, und erschlug mit einem Eselskinnbacken 1.000 Philister. Simson wie Robespierre, um den das Gespräch gerade geht, haben Menschen getötet und sind deshalb „Kainsbrüder" (Kain erschlug seinen Bruder Abel).
HL 62, 36/R 78, 6	Nero	Der wegen seiner Schreckenstaten und Grausamkeiten berüchtigte römische Kaiser (37–68 n. d. Z.) wird hier nicht deswegen genannt, sondern – wie auch in Büchners *Leonce und Lena* – wegen seiner ausgefallenen schauspielerischen Mittel, die er öffentlich einsetzte und für die er sich feiern ließ: Robespierre spielte gegenüber Camille noch zwei Tage vor der Verhaftung den ungewohnt Freundlichen. Das gehört zum Wortfeld „Theater", das im Stück verbreitet ist.
HL 62, 36/R 78, 24	Masken abnehmen	Camille sind die Sorgen um Lucile wichtiger, deshalb entlarvt er nun auch die Dantonisten als Schauspieler, die „Rot auflegten" (Schminke), „mit gutem Akzent" (Betonung) sprechen u. a. Wenn sie nun die Masken abnähmen, wären sie auch nur ganz normale Menschen.
HL 63, 34 f./ R 79, 9	Griechen und Götter, Römer und Stoiker	Es wird auf die Kunstdiskussion Lessings um Laokoon angespielt, wo der Schrei des Griechen höchster künstlerischer Ausdruck war. Stoiker dagegen (und Römer) beherrschten ihre Gefühle, ließen sich von sittlichen Werten bestimmen und durften keine Regung zeigen, dafür konnten sie ausgeglichen allen Schicksalsschlägen begegnen. Der Einfluss der Stoiker ist bis zu Spinoza zu verfolgen. Während zum intensiven Leben der Dantonisten das Schreien gehört, ist bei der „heroische(n) Fratze" (HL 63, 35/R 79, 10) der Römer an Robespierre zu denken.
HL 64, 30/R 80, 16	Olymp	Bergname in Griechenland; nach den antiken Dichtern galt der O. als der Sitz der griechischen Hauptgötter, die deshalb auch „Olympier" genannt wurden.

3.5 Sachliche und sprachliche Erläuterungen

HL 64, 34/R 80, 24	**Phiole**	bauchiges Glasgefäß mit langem Hals, bekannt aus Goethes *Faust I*: Faust holt für einen Selbstmordversuch eine Phiole („du einzige Phiole") aus dem Regal.
HL 65, 10/R 81, 12	**Marseil-laise**	zuerst von den Revolutionstruppen aus Marseille gesungen, dann das entscheidende Revolutionslied, heute französische Nationalhymne.
HL 65, 25/R 81, 28	**Charon**	alter und böser Fährmann, der in der griechischen Unterwelt die Toten über den Acheron setzt.
HL 67, 5 f./R 83, 27	**Und wann ich hame geh**	„vielfach variierendes Volkslied von Mosel und Saar. Hier in Reminiszenz an den singenden Totengräber in *Hamlet* V, 1".[74]
HL 67, 17 f./ R 84, 7 f.	**Es ist ein Schnitter**	katholisches Kirchenlied, als Volkslied in der Sammlung *Des Knaben Wunderhorn*. Lucile verwendet die ersten Verse der 1. und 3. Strophe.
HL 67, 26/R 84, 18	**Es lebe der König**	Mehrere Zeugnisse bestätigen, dass vor allem Frauen sich durch diese Losung dem Henker anboten. Der Henker von Paris berichtete in seinen Tagebüchern deshalb auch über ein solches Ereignis: Die junge Frau des sterbenden Kommandanten von Longwy Champlaurier rief nach der Urteilsverkündung, die am gleichen Tag wie die Verhaftung Dantons geschah, in den Saal: „Es lebe der König!"; sie wurde verhaftet, verurteilt, durfte ihren sterbenden Mann zum Schafott begleiten und mit ihm sterben.[75]

---

74 Bergemann (Hrsg.), *Büchner: Werke und Briefe*, S. 716.
75 Sanson, Bd. 2, S. 83.

3.6 Stil und Sprache

ZUSAMMEN-FASSUNG

Typisch für Stil und Sprache in *Dantons Tod* sind folgende Merkmale:

→ Die männlichen Gestalten verwenden revolutionäre Begriffe, da sie ausnahmslos Revolutionäre sind. Bei den Dantonisten wird das Gespräch mit philosophischen Begriffen angereichert.

→ Der windschiefe Dialog ist Ausdruck gestörter Beziehungen; der Dialog wird zwar formal geführt, hat aber kaum einen Inhalt.

→ Mythologische Begriffe weisen auf das römische Ideal einer Republik, das die Revolutionäre benutzten.

→ Mundart und Umgangssprache werden besonders in den Massenszenen gemischt, Elisionen und Parataxen verwendet. Ironie und Zynismus finden sich bei den Dantonisten.

Vokabular revolutionärer Begriffe

Das Drama ist ein Text von großer Rhetorik, wie es sich für die öffentlichen Räume einer revolutionären Macht ziemt. Diese Rhetorik wird aber bis in die intimen Bereiche des Salons und der Zweisamkeit, schließlich bis an den Rand des Grabes erhalten. Eine sprachliche Differenzierung der Hauptgestalten findet kaum statt, weil sich alle mit dem **Vokabular revolutionärer Begriffe** bewegen; dazu gehören auch die zahlreichen historischen Verweise, Namen aus den Kämpfen usw. Die umgangssprachlich orientierte Redeweise des Volkes unterscheidet sich von der Sprache der Dantonisten und Jakobiner. Die Dantonisten pflegen außerdem

Revolutionssprache der Dantonisten vs. Umgangssprache des Volkes

Dantonisten: Verwendung philosophischer Begriffe

| 1 SCHNELLÜBERSICHT | 2 GEORG BÜCHNER: LEBEN UND WERK | 3 TEXTANALYSE UND -INTERPRETATION |

3.6 Stil und Sprache

eine philosophische Begrifflichkeit, beginnend mit Sokrates (HL 6, 13/R 6, 23) und endend mit einer Hegel-Paraphrase („Weltgott", HL 64, 22/R 80, 6), mit der sie sich legitimieren möchten.

Anhänger Robespierres: Verwendung juristischer Begriffe

Die Anhänger Robespierres verwenden aus den gleichen Gründen juristische Begriffe und berufen sich darauf („Gesetzgeber", HL 11, 13/R 13, 3). Das Volk weiß auf niedrigem Niveau mit beiden Bereichen sprachlich umzugehen. Indem Büchners Figurenensemble sich größtenteils aus politisch Tätigen zusammensetzt, ist auch ihre Sprache politisch, oft ideologisch ausgerichtet (St. Just, Robespierre) und protokollartig. Die Kommunikationsbeziehungen der Personen sind allerdings einseitig. Sie können sich deshalb nicht oder schwer über eigene Probleme verständigen. Erst in aussichtslosen Situationen wie der kurz vor der Hinrichtung wird man „privat" (Danton – Camille).

Erscheinungsformen dieser Einseitigkeiten

→ große monologisierende Abschnitte, die keinen Dialogpartner brauchen,

→ die „windschiefen" Gespräche: Dialog ist nur äußere Form, findet aber nicht statt,

→ die Reden haben oft rhetorischen Charakter, private Prägungen fehlen,

→ Inhalte werden durch Sarkasmen, Witze, Wortspiele usw. ersetzt,

→ private Beziehungen werden in das offizielle Vokabular gepresst („Das Revolutionstribunal wird unsere Ehescheidung aussprechen" HL 57, 15 f./R 71, 13 f.).

3.6 Stil und Sprache

Die Gestalten stimmen lediglich in den Bildern der „Revolution"
überein und verwenden heroische Umschreibungen, die aber in
den Quellen bereits vorhanden waren: „Rosse der Revolution",
„Schiff der Revolution" und anderes.

Mythologische Begriffe

Auffallend ist die Verwendung mythologischer oder antiker, vor
allem römischer Begriffe[76], die zumeist aus den originalen Quellen entnommen wurden und mit denen die französischen Revolutionäre sich historisches Gewicht geben wollten. Dantonisten
benutzen die griechische Antike, Jakobiner die römische. Sie be-
treffen neben der Mythologie auch die Geschichte, die Religion
und Gesellschaftsentwicklungen. Oft dienen sie nur parodistischen
Anspielungen.

Verwendung römischer Begriffe

Dantonisten: griechische Antike; Jakobiner: römische Antike

Philosophische, mythische und historische Bezugsgrößen

1. → Sokrates wird als Erster von den Dantonisten in Anspruch
   genommen (HL 6, 13/R 6, 23), Epikur wird zu einer Zen-
   tralgestalt, die Camille zum Heiligen erhöhen will (HL 7,
   20/R 8, 7 f.).
   → Die Jakobiner werden zu Beginn und durchgehend als Dezemvirn bezeichnet; dann folgt Cato (HL 7, 40/R 8, 28).
   → Das Volk wird mit Römern, geknüpft an die Virginius-Lukre-
   tia-Sage, verglichen (HL 8, 26 ff./R 9, 28 ff.).
2. Diese Ordnung wird sprachlich erweitert:
   → Zu Sokrates mit den sokratischen Gesprächen kommen Al-
   cibiades und Catilina bei den Dantonisten.

---

76 Vgl. Voges, S. 31 ff.

→ Zu Cato kommt ebenfalls Sokrates, diesmal aber wird nur Catos Tod durch die Jakobiner adaptiert (HL 12, 10/R 14, 11).

→ Zum Volk kommt der Minotaurus (HL 15, 29/R 18, 28).

3. Die Ordnung wird schließlich durch einen eigenen und neuen Mythos ergänzt:

→ Die Dantonisten sehen ihren Mythos in den „Heiligen Marat und Chalier" (HL 7, 21 f./R 8, 8).

→ Die Jakobiner lehnen diese Heiligen ab, Robespierre bekennt sich jedoch zum „Blutmessias" (HL 24, 30/R 29, 10).

→ Simon bezeichnet sein Weib als „Vampirzunge" (HL 8, 35/R 10, 4), ein aktueller Begriff der Zeit. Vampire war die serbische Benennung für Verstorbene, die nachts ihrem Grab entsteigen, um Lebenden das Blut auszusaugen und bei Sonnenaufgang in ihre Särge zurückkehren, ein bei Romantikern beliebtes Thema (vgl. das ausführliche Gespräch über Vampire in E. T. A. Hoffmanns *Serapionsbrüdern*).

Die Französische Revolution versuchte, sich mit der römischen Republik ein historisches Gewand zuzulegen (Cato von Utica, Nero usw.). Die unterschiedlichen mythologischen Anleihen machen aber die Gegensätze zwischen Dantonisten und Jakobinern deutlich.

4 REZEPTIONS-GESCHICHTE	5 MATERIALIEN	6 PRÜFUNGS-AUFGABEN

3.6   Stil und Sprache

Mundart und Umgangssprache

Die Sätze sind knapp, oft abgerissen und unvollständig; Parataxen (parallel gesetzte Nebensätze in den Reden von Robespierre und Danton) und Elisionen (Auslassungen wie „Was gibt's da?", „Wie weit ist's in der Nacht?") sind häufig. Mischungen von Mundart und Umgangssprache, diese ist teils dialektgefärbt, finden sich besonders in den Liedern der Bürger in den Massenszenen (HL 10, 12 ff.; 28, 36 ff.; 61, 25 ff.; 67, 5 ff./R 11, 29 ff.; 36, 2 ff.; 76, 20 ff.; 83, 27 ff.). – Die Personen sprechen bevorzugt monologisch. Aber der Monolog dient nicht, wie sonst im Drama, der Selbstverständigung der Figur und der Information des Zuschauers, sondern ist Ausdruck des gestörten Dialogs. Man kann und will sich nicht mehr unterhalten und hört deshalb lieber der eigenen Rede zu.

Stilmittel: Parataxen und Elisionen

Monolog als Ausdruck gestörten Dialogs

Bereits Dantons Eröffnungssätze sind ironisch bis zynisch. Damit sichert er sich gegen die Welt Robespierres, die beides nicht kennt, ab. Ironie ist auch ein Mittel, die immer trostlosere Situation für die Dantonisten zu bewältigen (1.5.; 2.1.; 3.1.; 3.7.; 4.3.; 4.5.). Mit Zynismen überwinden sie schließlich die Todesfurcht und rechtfertigen ihr Verhalten.

| 1 SCHNELLÜBERSICHT | 2 GEORG BÜCHNER: LEBEN UND WERK | 3 TEXTANALYSE UND -INTERPRETATION |

3.7 Interpretationsansätze

3.7 Interpretationsansätze

ZUSAMMEN-FASSUNG

Folgende vier Interpretationsansätze werden vorgestellt:
→ Dantons Verhalten kann mit Büchners „Fatalismusbrief" erklärt werden.
→ Die bürgerliche Revolution löst feudal-aristokratische und monarchistische Strukturen ab, findet aber keine Lösung für die entstehenden proletarischen Ansprüche.
→ Danton als säkularisierter Christus geht inmitten seiner Anhänger (Jünger) in den Tod.
→ Die Rolle der Kunst wird in Gesprächen erörtert und stellt auch die Frage, inwieweit die Wirklichkeit Spiel sein kann.

Dantons Verhalten

Entscheidend bei der Interpretation des Stückes ist, wie man **Dantons Verhalten** interpretiert. Es kann einerseits im Zusammenhang mit Büchners „Fatalismusbrief" gesehen werden: Damit wäre Dantons revolutionäres Engagement schließlich weitgehend zwecklos und seine Flucht in den Sinnenrausch eine logische Konsequenz dieser Einsicht. Es stellte sich die Frage, wie eine neue Qualität revolutionärer Tätigkeit aussehen könnte. Danton kann aber auch als Abtrünniger der Revolution gesehen werden, die, sich gründend auf das Volk, weitergehen und die bisher uneingelösten Forderungen des Volkes erfüllen wird. Dann wäre nach der neuen Rolle des Volkes zu fragen, denn auch Robespierre gelingt die Lösung des Problems nicht. Dokumente, die erst später gefunden wurden, bestätigten Dantons Verrat und auch sein korruptes Verhalten. So wäre es einfach, ihn als Verkörperung eines Denkens

„Fatalismusbrief"

Danton als Abtrünniger der Revolution

102   GEORG BÜCHNER

3.7 Interpretationsansätze

zu sehen, das den antifeudalen Charakter der Revolution aufhebt und ihre plebejischen Züge auszuschalten versucht. Als der Dichter KuBa (d. i. Kurt Barthel, 1914–1967) *Dantons Tod* 1962 für das Volkstheater Rostock einrichtete, gründete er das auf die These: „Das revolutionäre Gewissen spricht Renegaten schuldig".[77] Das würde einen politischen Schuldspruch Dantons bedeuten. Dem steht entgegen, dass Robespierre auf solcher Ebene keine tragfähige Alternative ist, denn er ist allein: Seine Verbündeten sind korrupt wie die Dantonisten, ebenso unmoralisch und gierig.

Die bürgerliche Revolution

Es war für Büchners Zeit neu, dass keine Träne für die hingerichtete Königsfamilie vergossen wurde. Das Drama hatte eindeutig für eine andere gesellschaftliche Ordnung Partei ergriffen; Monarchistisches war nicht mehr vorhanden. Büchners Danton steht für die bürgerliche Schicht, die die erreichte Qualität der Revolution stabilisieren und die Verhältnisse der Bürgerlichen verbessern wollte, aber keine Lösung für die Plebejer und die kommenden Proletarier vorsah. Robespierre steht für die niedere, plebejische Schicht, die er mit ihrer Tugend in den Kampf führen wollte. Tugend beinhaltete Armut und Bedürfnislosigkeit. Robespierres Tugendgerede, so war Büchners Meinung, brachte dem Volk aber nichts zu essen. Da half auch die Bedürfnislosigkeit nichts und die Tugend schlug um in Vernichtung. Deshalb entwickelte sich aus der revolutionären Bewegung die Schreckensherrschaft; die Revolution schlug um in den Terror und gelangte nicht zu einer neuen Gesellschaftsstruktur, die in die bürgerliche Machtstruktur bereits die entstehende proletarische Bewegung einzubeziehen versucht hätte.

Danton steht für die bürgerliche Schicht

Robespierre steht für die plebejische Schicht

Umschlagen der Revolution in den Terror

---

77 Henryk Keisch: *Das revolutionäre Gewissen spricht Renegaten schuldig*. In: Neues Deutschland vom 3. Juni 1962. Renegat: jd., der seine polit. Überzeugung wechselt, Abtrünniger.

Danton als säkularisierter Christus

Wie in vielen Texten Büchners finden sich säkularisierte Christus-Bilder, die von Danton und Robespierre unterschiedlich in Anspruch genommen werden. Danton wollte „die Unschuldigen ... retten" (HL 45, 12 f./R 56, 29) und Gefangene erlösen; Robespierre nahm den Titel des „Blutmessias, der opfert und nicht geopfert wird" (HL 24, 30 f./R 29, 8 f.) an. Wieder gehören beide Seiten zusammen, um die Vorstellung von Zukunft aus Opfer und Geopferten entstehen zu lassen. Danton und Robespierre spiegeln unterschiedlich gebrochen eine säkulare Kreuzigung: In beiden Fällen wurden sie vom Volk, dessen Probleme sie nicht zu lösen vermochten, mitverurteilt. Danton steht am Ende wie ein weltlicher/säkularisierter Christus vor dem Tod, umgeben von seinen Jüngern, die ebenfalls säkularisiert worden sind, und flankiert von verurteilten Fälschern. Dennoch bedeutete das für Büchner nicht das Ende jeglicher Aktion. An Gutzkow schrieb Büchner im März 1835: „Mein Danton ist vorläufig ein seidenes Schnürchen und meine Muse ein verkleideter Samson."[78] Die seidene Schnur überreichte man Todgeweihten und Samson (Sanson) hieß die Familie der Henker von Paris. Büchner war weiter auf der Suche nach der Lösung des sozialen Widerspruchs, den Danton und Robespierre nicht zu lösen vermochten, den Widerspruch von Arm und Reich.

Danton und Robespierre spiegeln eine säkulare Kreuzigung

Danton und Robespierre scheitern an der Lösung des Widerspruchs von Arm und Reich

Die Rolle der Kunst

Kunst, insbesondere Theater, hat in dem Drama als Gesprächsgegenstand eine besondere Bedeutung. Mit Dantons erstem Satz wird die Wirklichkeit als Spiel, das Handeln der Personen als Rolle ausgestellt, die Danton seiner Frau Julie zeigt. Er beschreibt Rollen, die gespielt werden und zeigt „auf eine vorgeführte Rolle, hin-

Wirklichkeit als Spiel

---

78 Brief an Gutzkow vom März 1835. In: Bergemann (Hrsg.), *Büchner: Werke und Briefe*, S. 413 f.

ter der sich eine andere versteckt, die durch einen anzüglichen Witz aufgedeckt wird."[79] Damit beginnt der Aufbau des Wortfeldes „Theater", das wichtig wird. Zeitweise erscheint das revolutionäre Tun als Rollentätigkeit. Die Revolutionäre inszenieren ihr politisches Spiel. Zahlreiche Begriffe geben von Beginn an dem Wortfeld „Drama, Theater" Gewicht („parodieren", HL 6, 13/R 6, 23; „schlechten Platz bekommen und nichts sehen können", HL 6, 11 f./R 6, 21 f. usw.). Ein Höhepunkt wird in Robespierres Rede erreicht, wenn er vom „erhabne(n) Drama der Revolution" (HL 13, 12/R 15, 23 f.) spricht. Beide Gruppen haben sich in Rollen gefügt, die sie ausfüllen; ihr Leben geschieht auf einer Weltbühne, ihre Aktion ist Theater. Die Satire (Satyrspiel) zu diesem Spiel bietet der Souffleur Simon, der nicht nur aus dramatischen Texten zitiert, sondern seine Aktionen schmierenkomödienhaft inszeniert. Die Wirklichkeit wird auf allen Ebenen während des Handlungsablaufs zunehmend theatralisiert und verliert ihren ursprünglichen sozialen Grund. Gegen Ende des Stücks werden inszenierte Texte häufiger, z. B. Lieder, und Szenen ähneln Opernschlüssen (die „Arien" Julies, 4. Akt, 6. Szene, und Luciles, 4., 8.). Die Revolution wird zum Theater; der Terror schlägt um „in die Benutzung der Guillotine zu zirzensischen Zwecken"[80].

Wortfeld Theater/ Drama

Revolution wird zum Theater

---

79 Poschmann, S. 102.
80 Mayer, 1960, S. 199. Zirzensisch: von „Zirkus", unterhaltende Veranstaltung.

| 1 SCHNELLÜBERSICHT | 2 GEORG BÜCHNER: LEBEN UND WERK | 3 TEXTANALYSE UND -INTERPRETATION |

4. REZEPTIONSGESCHICHTE

ZUSAMMEN-FASSUNG

→ Erstveröffentlichung und Resonanz: von der Manu-skriptabgabe über das Verbot zur ersten positiven Reso-nanz

→ Rezeption vom deutschen Naturalismus bis zum Ersten Weltkrieg: von der Uraufführung zur ersten erfolgreichen Inszenierung

→ Rezeption bis 1985: von der Verfälschung im Nationalso-zialismus zum einflussreichen Klassiker

Abschließend wird der Georg-Büchner-Preis (seit 1923), der mittlerweile renommierteste Literaturpreis in Deutschland, vorgestellt.

Erstveröffentlichung und Resonanz

21.2.1835: Sendung des Manuskripts an Sauerländer und Gutzkow

Die Rezeption begann mit Büchners Sendung des Dramas an Sauerländer und Gutzkow am 21. Februar 1835. Nach Erhalt trug Gutzkow einem Bekanntenkreis aus dem Stück vor; die Ähnlich-keit mit der Revolutionsgeschichte von Thiers wurde erkannt, Büchners Veränderungen kaum reflektiert – so hatte er definitive Aussagen Dantons, wie er sie bei Thiers fand, zum Fragesatz ge-macht – aber die Bewunderung des Talentes Büchners war groß.[81]

10.12.1835: Stück wird verboten

Büchners Stück traf der Verbotsbeschluss der Deutschen Bundes-versammlung vom 10. Dezember 1835, der sich gegen das Junge Deutschland wandte. Damit wurde die erste Rezeptionsphase, in der es einige Besprechungen gab, schnell beendet. Eine zweite be-

---

81 Hauschild, 1997, S. 74.

106   GEORG BÜCHNER

gann mit Georg Herweghs Aufenthalt in Zürich 1840, wo er noch auf Büchners Freundeskreis traf. Er schrieb das Gedicht *Zum Andenken an Georg Büchner* (Februar 1851), das die Zeilen enthält, die später auf den Grabstein kamen: „Ein unvollendet Lied sinkt er ins Grab,/Der Verse schönsten nimmt er mit hinab."[82] Büchners Danton wird in dem Gedicht dem Dichter an die Seite gestellt: „O bleibe, Freund, bei deinem Danton liegen!/'s ist besser, als mit unsern Adlern fliegen."[83]

1851: Herweghs Gedicht lobt Büchner

Friedrich Hebbel, mit Büchner gleichaltrig, fand unter dem 28. Oktober 1839 in seinem Tagebuch Lob für *Dantons Tod*: „Büchners Danton, von dem ich eben Proben im Phönix lese, ist herrlich. Warum schreib' ich solch einen Gemeinplatz hin? Um meinem Gefühl genug zu tun."[84] Hebbel betrachtete distanziert den Inhalt als „freilich ein Produkt der Revolutionsidee"; anerkannt wurde die eigenständige Schöpfung, zu der Büchner die „Kraft", gehabt habe.[85] Karl Gutzkow, dem die Entdeckung von *Dantons Tod* zu danken war, schrieb Büchner am 28. August 1835: Gegenüber der „aufgesteiften, forcierten, knöchernen Manier" der Stücke Grabbes sei er eine „frische, sprudelnde Naturkraft".[86] 1837 schrieb er einen Nachruf auf den Freund, zu dem er sich „durch gleiche Gesinnungen hervorgerufen und durch das Band der Ideale zusammengehalten"[87], legitimiert sah. Über *Dantons Tod* urteilte er:

1839: Hebbel findet Dantons Tod „herrlich"

---

82 Georg Herwegh: *Werke*. 1. Teil. Berlin-Leipzig u. a. Deutsches Verlagshaus Bong & Co. o. J., S. 93.
83 ebd., S. 96.
84 Friedrich Hebbel: *Tagebücher*. 1. Bd. Hrsg. von Friedrich BrandeS. Leipzig: Reclam o. J. (1913), S. 320.
85 ebd., S. 321.
86 Bergemann (Hrsg.), *Büchner: Werke und Briefe*, S. 554.
87 Karl Gutzkow: *Georg Büchner*. In: ders.: Werke. Hrsg. von Peter Müller. Bd. 3, Leipzig und Wien: Bibliographisches Institut, o. J., S. 117.

Gutzkow: „Sansculottenlust in der Dichtung" Büchners

„Es tobte Sansculottenlust in der Dichtung; die Erklärung der Menschenrechte wandelte darin, mit Rosen bekränzt, aber nackt. Die Idee, die das Ganze zusammenhielt, war die rote Mütze."[88]

Büchners Drama war ein politisches Testament. 1850 erschienen die *Nachgelassenen Schriften*, herausgegeben von Georg Büchners Bruder Ludwig. Sie waren in mehrfacher Hinsicht problematisch: In die Texte war eingegriffen worden, der *Woyzeck* fehlte völlig.

Entscheidende Bedeutung für die Wirkung Büchners und *Dantons Tod* hatte **Karl Emil Franzos,** der *Dantons Tod* auf dem Gymnasium 1867 kennengelernt hatte. Er gab nicht nur 1878/1879 die erste Gesamtausgabe heraus, sondern schrieb auch die erste umfassende Biografie. Seit 1875 wies Franzos in Zeitungen und Zeitschriften auf Büchner hin. *Dantons Tod* hielt Franzos für die bedeutendste Leistung Büchners.

1878/1879: erste Gesamtausgabe

Die Familie Büchners versuchte, die werkgetreue Veröffentlichung besonders des *Hessischen Landboten* und von *Dantons Tod* zu verhindern und durch Bearbeitungen zu beeinflussen. Anstoß bei den Geschwistern erregten unter anderem die „gemeinen und unflätigen Zoten" in *Dantons Tod*, die „ein allgemeines Anathema (d. i. Fluch, Kirchenbann, R. B.) auf unser Haupt, besonders aber auf" ihn zöge, schrieb Ludwig Büchner an Franzos.[89]

---

88 ebd., S. 120 ff.
89 Karl Emil Franzos: *Über Georg Büchner*. Teile 1 und 2. In: Deutsche Dichtung, Berlin, 1901, Bd. 29, S. 297.

| 4 REZEPTIONS-GESCHICHTE | 5 MATERIALIEN | 6 PRÜFUNGS-AUFGABEN |

Rezeption vom deutschen Naturalismus bis zum Ersten Weltkrieg

Die naturalistische Jugend sah *Dantons Tod* vor dem Hintergrund des geeinten Reiches, das bald nach der Gründung von sozialen Widersprüchen und Konflikten erschüttert wurde, die sich kaum von denen in *Dantons Tod* unterschieden. 1878 reagierte die Regierung Bismarcks mit dem Sozialistengesetz auf die soziale Bewegung. Es war kein Zufall, dass in der naturalistischen Zeitschrift *Mehr Licht!* 1878 Büchners *Woyzeck* zum ersten Mal veröffentlicht wurde. **Peter Hille** beschrieb 1878 in seinem Essay *Zur Geschichte der Novelle* den Unterschied zwischen Büchner und dem Jungen Deutschland:

„... die Jugend war nicht so harmlos. Die Burschenschaft in Gießen: Büchner war durchaus nicht unverdächtig. Da wurde konspiriert. Man ging mit Revolutionsgedanken um und schrieb ‚Dantons Tod‘. Aber das war immer noch nicht Jungdeutschland. Jungdeutschland hatte nicht in den letzten Zehnern studiert. Es hatte Begeisterung und Abkämpfung nicht so in die vollglühende Jünglingsseele bekommen. Es war nicht lavablutig und verdüstert wie Büchner, oder die unreiferen nachher lebenden Geister wie Follen[90] ...“[91].

1878: Lob Büchners durch Hille

Auf dieser Woge der Anerkennung und Identifikation schwamm **Gerhart Hauptmann** mit[92], der zusammenfasste, was seine Zeit-

Dantons Tod beeinflusste Hauptmanns Weber

---

90 August Follen (1794–1855) war ein Gießener Beamtensohn, der nach früher Haft Lehrer und Schriftsteller in der Schweiz wurde. 1847 erwarb er Schloss Thurgau und widmete sich der Landwirtschaft. Er schrieb in seiner Zeit bekannte Lieder, Romane und Epen.
91 Peter Hille: *Zur Geschichte der Novelle* (1878). In: ders: Gesammelte Werke. Hrsg. von Friedrich und Michael Kienecker. Bd. 5, Essen: Ludgerus Verlag, 1986, S. 85 f.
92 Der Vortrag Gerhart Hauptmanns im Verein „Durch!" ist zu einer Legende geraten, die mehr Erfindung als Realität ist. Sogar entdeckt haben soll Hauptmann das Stück nach „fast achtzig Jahren" Vergessenheit. Vgl. Claude David: Danton von Büchner aus gesehen. In: Martens, S. 323.

genossen vorgedacht hatten, und in seiner Büchner-Rede im Verein „Durch!" am 17. Juni 1887 auch Szenen aus *Dantons Tod* las. Nicht ohne *Dantons Tod* sind Gerhart Hauptmanns *Weber* zu denken: Der alte Hilse, unbeteiligt am Weber-Aufstand, wird durch eine verirrte Kugel in dem Augenblick tödlich getroffen, wo er sich in Gottes Ratschluss ergibt. Das entspricht Büchners Fatalismus-Konzeption. Spuren Büchners finden sich in **Frank Wedekinds** *Frühlings Erwachen*. Er hatte Büchner durch die Naturalisten Karl Henckell, John Henry Mackay und Gerhart Hauptmann während seines Zürich-Aufenthaltes 1886/1888 kennengelernt. Es ist die szenische Reihung, die aus *Dantons Tod* in Wedekinds *Frühlings Erwachen* (1891) nachwirkt, aber auch die satirische Betrachtung des Alltages und der Volksvertreter. Wedekinds Büchner-Bild ist eigenwillig und dem eigenen Anspruch dienstbar gemacht: So gesteht er ihm „den behaglichen und geistig doch anspruchsvollen Humor des Rheinländers zu"[93], eine doch zwiespältige Aussage.

Die 1890 geplante **Uraufführung** in der gerade gegründeten Freien Volksbühne wurde nicht verwirklicht.[94] Wahrscheinlich verhinderte die Spaltung des Theatervereins die Aufführung. Kurz darauf gab es eine Studentenaufführung in Zürich-Fluntern.[95] Die Uraufführung fand erst am 5. Januar 1902 im Belle Alliance Theater durch den Verein **Neue Freie Volksbühne** statt, einer Gründung in der Nachfolge des Vereins „Durch!", eine Abspaltung von der Freien Volksbühne unter Beteiligung naturalistischer Schriftsteller wie Bruno Wille, Adalbert von Hanstein, Ernst von Wolzogen u.a.[96] Die Kritik war freundlich, gab aber Georg Büchner keine Zukunft:

5.1.1902: Uraufführung von *Dantons Tod*

---

93   Frank Wedekind: *Schauspielkunst*. In: ders.: Werke, Bd. 3, Berlin und Weimar: Aufbau-Verlag, 1969, S. 224.
94   Ingeborg Strudthoff: *Die Rezeption Georg Büchners durch das deutsche Theater*. Berlin, 1957 (Theater und Drama, Bd. 19), S. 39.
95   Hauschild, 1997, S. 77.
96   Die Neue Freie Volksbühne trennte sich von der Freien Volksbühne. Hatte die Neue Freie Volks-

| 4 REZEPTIONS- | 5 MATERIALIEN | 6 PRÜFUNGS- |
| GESCHICHTE | | AUFGABEN |

„Obwohl es sich um einen Versuch mit gänzlich unzulänglichen Mitteln handelte, denn die Schwierigkeiten, die Büchners Drama der Inszenierung entgegensetzte, sind viel zu groß, als dass sie eine Vereinsbühne mit ihrem mühsam von allen Seiten zusammengetrommelten Personal und dem mangelhaften szenischen Apparat eines kleinen Theaters ohne weiteres hätte lösen können, so wurde doch der Versuch mit lebhaftem Beifall belohnt."[97]

Die *Vossische Zeitung* vermerkte, aus der „krankhaft erregten Jünglingsseele" sei „nichts weniger als ein Meisterwerk, am allerwenigsten ein Drama" gekommen.[98] Der Literaturkritiker **Franz Mehring** musste noch 1910 feststellen, dass über Büchners Erbe „von jeher ein seltsamer Unstern gewaltet"[99] habe. Ein erneuter Versuch am 8. November 1913 (erste öffentliche Aufführung von *Dantons Tod* gemeinsam mit *Woyzeck* am Münchener Residenz-Theater, Regie: Eugen Kilian) blieb ebenfalls erfolglos.

Der Durchbruch kam am 15. Dezember 1916 mit Max Reinhardts Inszenierung am Deutschen Theater, Berlin. Es sei „vielleicht die einzige Vorstellung Reinhardts, die die endgültige Ausschöpfung, die endgültige Prägung einer Dichtung für die Bühne bedeutete. Endgültig heißt auf dem Theater zwanzig Jahre."[100] Andere sprachen von „Reinhardts Genie", einem „Gesamtkunstwerk" und den ausgeschöpften „letzten Möglichkeiten des Theaters".[101]

15.12.1916: Erfolgreiche Inszenierung als Antikriegsstück durch Max Reinhardt

---

bühne 1895 nur 1.000 Mitglieder, so waren es nach der Jahrhundertwende bereits 50.000. Für einen geringen Beitrag bekamen die Mitglieder monatlich eine Theatervorstellung zu sehen.

97 Der Tag vom 7. Januar 1902. In: Hugo Fetting, S. 554.

98 Vossische Zeitung vom 6. Januar 1902. In: Fetting, S. 554.

99 Franz Mehring: [Die Büchner-Ausgabe von Paul Landau]. In: ders.: Gesammelte Schriften, Bd. 10. Berlin: Dietz Verlag, 1961, S. 647.

100 Herbert Jhering. Theater in Aktion. Kritiken aus drei Jahrzehnten 1913–1933. Berlin: Henschelverlag, 1986, S. 154.

101 Hugo Fetting, S. 555.

Das Bühnenbild ersetzten Licht und Schatten als Begleitung des Schauspielerischen. Es begann mit dieser Inszenierung „die Vorherrschaft der Lichtreflektoren"[102]. Reinhardt hatte das Stück als Antikriegsstück inszeniert.[103] Mit ihm gastierte er 1917 in der Schweiz. 1921 inszenierte Max Reinhardt erneut *Dantons Tod*, diesmal am Großen Schauspielhaus in Berlin, 1929 in Wien. 1927 hatte er mit seinem Gastspiel, auch mit *Dantons Tod*, in New York im Century Theatre Erfolg.

Robert Walser, der Georg Büchners Stück bewunderte, sah darin ein „Dessert" für die Welt der Bretter, das durch „wundervolle Geniespritzer oder Details in die himmelblaue oder rosarote Literaturluft"[104] hinaufrage.

Der bekannte Romancier **Arnold Zweig** bewunderte in Büchners Drama klares politisches Denken, soziale Motivationen und den großen Dichter.[105] Im privaten Brief (14. Februar 1921) verkündete er sogar: „Ich sage dir: Es gibt in Deutschland überhaupt bloß zwei Dramatiker: Büchner und Kleist; und Ansätze zum Drama beim jungen Goethe und bei Schiller."[106] Die Deutschland repräsentierende Reihe bedeutender Dramen war nach Zweig „*Egmont, Homburg, Danton-Wozzek, Erdgeist*"[107].

---

102 Emil Faktor im Berliner Börsen-Courier, Nr. 558, 29. November 1919. In: Hugo Fetting, S. 33.
103 Eine Dokumentation der wichtigsten Kritiken findet sich in: Hugo Fetting, S. 553–569.
104 Robert Walser: *Ein Dramatiker*. In: ders.: Dichteten diese Dichter richtig? Frankfurt a. M. und Leipzig: Insel Verlag, 2002, S. 120.
105 Arnold Zweig: *Versuch über Büchner*. In: Essays, Bd. 1. Literatur und Theater, Berlin: Aufbau-Verlag, 1959, S. 152–203.
106 Arnold Zweig, Beatrice Zweig, Helene Weyl: *Komm her, wir lieben dich*. Hrsg. von Ilse Lange. Berlin: Aufbau-Verlag, 1996, S. 201.
107 ebd., S. 209 (24. April 1921).

Rezeption bis 1985

Im **Nationalsozialismus** wurde Danton als Opfer unfassbarer Mächte betrachtet, um mit einem solchen Beispiel das „Wunder" eines mystischen Führers herauszustellen. Karl Viëtor nannte einen Aufsatz 1934 über das Stück *Die Tragödie des heldischen Pessimismus*[108] und hatte damit alle Positionen Büchners verfälscht, der sein Stück nicht als „Tragödie" bezeichnete, jegliches Heldentum ablehnte und dem Pessimismus seine Forderung nach Veränderung der „ehernen Gesetze" entgegensetzte. Die Verfälschung erreichte ihren Höhepunkt, indem er als Büchners Ziel nannte, „eine große religiöse Wahrheit aufzuzeigen"[109], während Büchner christliche Bezüge säkularisierte. **Georg Lukács** arbeitete die Antinomie dieser nationalsozialistischen Haltung heraus: Sie bestand in der Ablehnung der politisch-demokratischen Revolution einerseits, weil sie die materielle Lage des „entstehenden Proletariats nur verschlimmerte", und der Hoffnung der demokratisch-plebejischen Revolutionäre andererseits, „dass ein konsequentes Zu-Ende-Führen des jakobinischen Terrors von selbst zu einer Erlösung der Massen aus ihrem materiellen Elend führen müsste"[110].

1934: Verfälschung Büchners durch Viëtor

Georg Büchners Einfluss auf Bertolt Brecht war besonders ergiebig bei dem Vorhaben 1949, das Stück des Norwegers **Nordahl Grieg** über die Pariser Kommune von 1871 *Die Niederlage* zu bearbeiten. Daraus entstand Brechts Stück *Die Tage der Kommune* (1949). Er hatte vor, mit diesem Stück sein Theater am Schiffbauerdamm in Berlin, das Berliner Ensemble, zu eröffnen. Als Variante bedachte er, mit Büchners *Dantons Tod*, das Stück galt Brecht als ein Muster des „Stückebaus", zu beginnen:

Büchners Einfluss auf Bertolt Brecht

---

108 s. Martens, S. 98 ff.
109 ebd. S. 100
110 Lukács., S. 73.

> „Müßte ergänzt werden: Danton verrät die Revolution tatsächlich, da er mit der Aristokratie verkehrt, sie beschützt, bewundert, sich von ihr bewundern läßt, überhaupt ein Star wird usw. Ist so schuld an dem nötigen Terror (nötig gegen ihn), einem Terror, der dann auch Robespierre verschlingt."[111]

1952: Inszenierung durch Piscator in Marburg

1952 inszenierte **Erwin Piscator** das Stück in Marburg (2. November: Marburg Schauspielhaus; Musik: Friedrich Leinert). In Frankreich übersetzte und bearbeitete **Arthur Adamov**, später berühmter Dichter des absurden Theaters, das Stück und **Jean Vilar** inszenierte es 1948 bei den Festspielen von Avignon.

Heiner Müllers *Der Auftrag* (1979), ein Stück über die Französische Revolution nach Motiven einer Erzählung von Anna Seghers, hat im Zentrum ein Intermedium[112], ein Gespräch zwischen zwei der Hauptgestalten (Sasportas, Galloudec), die sich Masken Robespierres und Dantons aufsetzen und in gleicher Weise gegeneinandersprechen wie in Büchners *Dantons Tod* (1. Akt, 6. Szene); der fiktive Dialog wird nach Dantons Tod und Robespierres Selbstmordversuch angesetzt. Danton ist in Robespierres Augen wie bei Büchner der „Schmarotzer", der „Wüstling" und „Verräter", also korrupt, ausschweifend und lasterhaft, Robespierre in Dantons Augen der „Blutsäufer", der „Unbestechliche, mit deiner Tugendpauke", also selbstgerecht, tugendsam und übertrieben hart[113].

Ein wichtiges Schauspiel in der Tradition Büchners war **Peter Weiss'** Drama in zwei Akten *Die Verfolgung und Ermordung Jean Paul Marats dargestellt durch die Schauspielgruppe des Hospizes*

---

111 Bertolt Brecht: *Briefe 1913–1956*, Bd. 1, Berlin und Weimar: Aufbau-Verlag, 1983, S. 559.
112 Intermedien sind Erfindungen Heiner Müllers: Durch sie werden Stückabläufe unterbrochen und mit einer anderen Handlung, die ähnliche Schlussfolgerungen nötig macht, verglichen. Besonders geschichtliche Ereignisse werden als Paradigma „ausgestellt".
113 Heiner Müller: *Der Auftrag*. In: *Texte*, Bd. 7. Berlin: Rotbuch Verlag, 1983, S. 54 f.

zu Charenton unter Anleitung des Herrn de Sade (1964). Der Titel weist die Nähe aus. Es geht auch hier von vornherein um den Tod eines führenden Kopfes der Französischen Revolution; mit dem Verweis auf den Marquis de Sade wird auch Sinnliches denkbar. Ohne dass Entsprechungen und Abhängigkeiten sofort auffallen, stimmen die beiden Werke Büchners und Weiss' überein, dass es für eine Revolution entscheidend ist, die sogenannte Magenfrage zu lösen. Indem Danton diese Antwort nicht mehr sucht, gibt er seinen revolutionären Anspruch auf. Weil Marat die Antwort durch seine Ermordung nicht mehr geben kann, bleibt die Frage offen.[114]

Seit seiner Uraufführung 1902 ist Büchners Stück ständig auf deutschen Bühnen zu finden. Zwischen 1981 und 1985 wurde es zum Beispiel an fast 30 Bühnen aufgeführt, darunter in Wien, St. Gallen, Salzburg, Paris, New York, London, Graz und Parma.

Zwischen 1981 und 1985 Aufführungen an fast 30 Bühnen

Alexander Lang inszenierte 1981 die offene Frage Revolution oder Republik, „abgelebte moderne Gesellschaft" oder „große Klasse"[115] so, dass er Danton und Robespierre, Camille und St. Just, Hérault und Collot mit je einem Schauspieler besetzte. Das bereitete dem Zuschauer erkennbare Schwierigkeiten. Aber es entsprach einer Sicht, die in den zwei gegensätzlichen Gestalten Spiegelungen des dialektischen Denkens Georg Büchners sah.

Die Oper Gottfried von Einems *Dantons Tod* (1947) wurde bei den Salzburger Festspielen uraufgeführt und hatte auch danach Erfolg, so 1983 in Münster und wiederum in Salzburg. Letztere Aufführung wurde im Rundfunk gesendet (NDR, Hörfunk III, 29. 1. 1984) und als Mitschnitt auf Schallplatte veröffentlicht.

---

114 Zu produktiven Vergleichsmöglichkeiten beider Stücke vgl.: Manfred Haiduk: *Der Dramatiker Peter Weiss.* Berlin: Henschelverlag Kunst und Gesellschaft, 1977, S. 58 ff.
115 Brief an Gutzkow 1836. In: Bergemann (Hrsg.), *Büchner: Werke und Briefe*, S. 435.

Szene aus der TV-Bearbeitung des DDR-Fernsehens unter Regie von Fritz Bornemann, 1977, © Cinetext Bildarchiv/HBA

Namhaftester deutscher Literaturpreis

Georg-Büchner-Preis (seit 1923)

Herausragend ist in der Wirkungsgeschichte der Georg-Büchner-Preis, der der namhafteste deutsche Literaturpreis ist. Er wurde 1923 als hessischer Staatspreis zur Kunstförderung gestiftet, zwischen 1933 und 1944 nicht verliehen, seit 1951 vergibt ihn die Deutsche Akademie für Sprache und Dichtung (Darmstadt). Der Büchner-Preisträger 2000 Volker Braun entwickelte ein eigenes Verhältnis zu *Dantons Tod*. In seinem Essay *Büchners Briefe* (1977) war der Beginn 1. Akt, 3. Szene, als der Lyoner sich vor dem Jakobinerklub beklagt, für Braun ein Indiz, dass zwar die Revolution gesiegt, aber „die Überzahl des Volks ... sich um den Lohn geprellt"[116] sah: „Hat die Revolution gelohnt? Was ist nun diese

---

[116] Volker Braun: *Büchners Briefe*. In: Texte in zeitlicher Folge. Bd. 5, Halle-Leipzig: Mitteldeutscher Verlag, 1990, S. 295.

neue Epoche?"[117] Büchners Brief- und Danton-Zitate verschwimmen in Brauns Essay und werden zu eigenen Aussagen über die Gegenwart. In seinem Stück *Iphigenie in Freiheit* (entstanden 1987–1991, uraufgeführt 1992) interessierte ihn die Erkenntnis, dass Humanismus Revolutionen und „Eruptionen" aus Not behindere. Als „Anmerkung" gibt er seiner *Iphigenie in Freiheit* mit: „Die Frage aller Fragen: nach der friedlichen anderen Arbeit..."[118]. Auch Büchners Danton stellt sich diese Frage bei Braun, allerdings variiert in einen Braun'schen Monolog hinein:

„Das ist sehr langweilig, immer die nämlichen Waffen zu ziehn. So ein altmodisches Instrument zu sein, auf dem ein Schlag immer nur einen Schrei ergibt. Ich verstehe das Wort Strafe nicht. Ich sehe keinen Hund, der uns länger zum Töten zwänge. ... Das ist sehr lustig und daß Millionen es so machen können und daß die Welt obendrein aus zwei Hälften besteht, die beide das Nämliche machen können, so daß alles miteinander geschieht."[119]

---

117 ebd.
118 Volker Braun: *Iphigenie in Freiheit*. In: Texte in zeitlicher Folge. Bd. 10, Halle-Leipzig: Mitteldeutscher Verlag, 1993, S. 144.R
119 ebd., S. 129. – Vgl. dazu aus *Dantons Tod* den Beginn des 2. Aktes, 1. Szene (R 29, 8 ff.).

5. MATERIALIEN

Widersprüchliche Reaktionen vom Naturalismus bis 1916

Soziale Frage stehe im Vordergrund des Geniestücks

Vom Naturalismus bis zu Max Reinhardts Inszenierung von 1916 war *Dantons Tod* als Geniestück eines jungen Dichters gesehen worden, in dem die soziale Frage im Vordergrund stand. Dabei ging es nicht nur um Brot für das Volk, sondern auch um die Vorstellung vom Volk selbst:

„Wir sehen alle die benannten Helden des großen Umsturzes und den fast unbenannten großen Solisten, das Volk. Wir sehen erstaunt, dass ein ‚Volkstribun‘ wie Georg Büchner so wenig ein Anbeter der Masse ist, nur weil sie eben das Volk repräsentiert. Er charakterisiert nur, wie der Dichter es soll, ohne zu richten. Die Wandelbarkeit der Masse, ihre politische Unreife, ihre Freude am Grandios-Schrecklichen entgehen ihm nicht. Aber sein Herz gehört der öffentlichen Not, dem geistigen und leiblichen Darben."[120]

Büchner als „Propagandapoet" und „maroder Revolutionsheld" eingeordnet

Ein früher Essay über Büchner setzte ein anderes Verständnis in Gang, das im Nationalsozialismus mündete. Büchner wurde von Arthur Moeller van den Bruck 1904 als „Propagandapoet" und „maroder Revolutionsheld" eingeordnet. Büchner sei nervenkrank gewesen, habe „schwere krankhafte Züge" gehabt und sei an einer „Nervenkrise" gestorben. Über *Dantons Tod* heißt es:

„Büchners Wandlung vom Agitator zum Dichter ist vielleicht noch am wenigsten rätselhaft. Denn ‚Dantons Tod‘ ist eine agitatorische Dichtung. Trostlos und an dem Siege der Freiheit verzwei-

---

120 Fritz Engel im *Berliner Tageblatt* Nr. 644, 16. Dezember 1916. In: Hugo Fetting, S. 558.

felnd wollte er sich und den Genossen durch seine Dichtung, die den Triumph der Republik verherrlichte, Mut und Berechtigung zusprechen. (...) ‚Dantons Tod' war also, rein als Arbeitsleistung genommen, durchaus keine verzweifelt problematische, sondern schon eher eine verzweifelt energetische Tat – was zugleich zeigte, wie entfernt von Kunst und von Schöpfung das Drama entstand. (...) Terror, Pathos und Phrase konzertieren in ‚Dantons Tod' wild durcheinander, krasse Einfälle, wüste Witze schrillen hinein – aber der Untergrund ist eine kranke, todtraurige Resignation. Ebenso verhüllte der agile, enthusiasmierende Verschwörer Büchner nur einen müden und mürben Menschen."[121]

Für die „Schicksalslinie des Deutschtums" habe Büchner keine Bedeutung gehabt, „wir können uns die Entwicklung der deutschen Dichtung eben ohne ihn vorstellen und mit ihm – es wäre gleichgültig."[122]

Das Stück in der Gegenwart und in den Medien

Einen anekdotischen Zugang zu Büchners Stück schuf sich der Dramatiker Carl Zuckmayer. Er war unter der Regie von Erich Engel Statist – Fritz Kortner spielte den Danton – und einmal zweiter Henker und erinnerte sich an seinen Auftritt:

„Ich arbeitete praktisch mit, drillte die Statisten ein, übernahm Einzelproben, stand auch am Abend selbst mit der Jakobinermütze auf der Bühne und stampfte die ‚Carmagnole'. Einmal sprang ich für einen erkrankten Schauspieler am Schluss des Stückes als

---

121 Arthur Moeller van den Bruck: *Verirrte Deutsche*. (Erster Band von: Die Deutschen). Minden i. W.: J. C. C. Bruns' Verlag, 1904, S. 124.
122 ebd., S. 132.

,Zweiter Henker' ein, der nach Abwaschen des Fallbeils mit dem hessischen Lied: ,Und wenn ich haamegeh, scheint der Mond so schö' über die Bühne schlenderte. Ich ging nackt bis zum Gürtel und hatte mich über und über rot angeschmiert. Ich selbst war von meiner darstellerischen Leistung tief beeindruckt."[123]

1981 inszenierte Johannes Schaaf *Dantons Tod* am Schauspielhaus in Frankfurt a. M. Das Spiel hatte weder Bühne noch Parkett, sondern bezog die Zuschauer ein und löste den Bühnenraum zum Zuschauer auf. Ein Kritiker machte sich über den Zweck Gedanken:

„Was bezweckt die Entmachtung des traditionellen Spielorts? Mehrgeschossige Spielflächen, Simultandialoge, Lichteffekte, laufende Bänder, Ergänzungen durch Dias und Film, auch Einzelauftritte außerhalb der Bühne – das alles ist nicht neu. (...) Schaaf und sein Kollektiv wollen nicht nur eine Vertiefung der Emotionen durch Bildgestaltung und Theatertechnik, sondern mitwirkende direkte Reaktionen des Publikums. Das wird spürbar bei den Szenen auf der ehemaligen Parkettfläche, auf die das Rund der Zuschauer wie auf eine Arena herabsieht. An einem Block von klobigen Tischen tagt der Jakobinerklub und der Nationalkonvent. Später philosophieren hier, jetzt ohne Tische, die Verurteilten über Anaxagoras, Moral, Gott und Voltaire ihrer letzten Stunde entgegen."[124]

Eine Erweiterung der Revolutionsdokumentation nahm Peter Sodann 1997 am neuen theater (nt) in Halle vor. Er ließ Rousseau, de Sade, aber auch Rathenau, Luxemburg und Thälmann auftreten.

---

123 Carl Zuckmayer. *Als wär's ein Stück von mir*. Horen der Freundschaft. Frankfurt a. M.: S. Fischer Verlag, 1969, S. 331.
124 Heinz Mohrmann: *Dantons Tod und ein Begräbnis*. In: Die Weltbühne, Nr. 30, Berlin, 1981, S. 939 f.

Das Programmheft konfrontierte Büchners *Hessischen Landboten* mit aktuellen Zeitungsmeldungen. Die Inszenierung war umstritten, man erklärte sie einerseits zum Lehrstück, andererseits zu Agit-Prop-Kitsch. Es gab auch andere Deutungsversuche:

„Statt ein weltbekanntes Stück meisterlich inszeniert ansehen zu dürfen, sahen sie (die Kritiker, R. B.) sich, wenn auch meisterlich, mit den uneingelösten Problemen von 1789 bis in die Gegenwart konfrontiert. So standen sie mit ihrem überparteilichen Pressecharme hilflos einer Inszenierung gegenüber, die das war, was man nach 1989 so schnell verdrängt hatte: politisches Theater. Büchner hatte in seinem ‚Dantons Tod' auch historische Dokumente montiert, Analogien aus einer Revolution, die für ihn schon Geschichte geworden und von neuen Niederlagen überlagert worden war. Die Inszenierung ging diesen Weg konsequent weiter. Sie montierte eine Reihe getöteter Revolutionäre von Rosa Luxemburg bis Rudi Dutschke hinzu, sie erinnerte die Programme der Gemordeten, die so ungeahnt aktuell anmuten, und präsentierte die Liste der uneingelösten revolutionären Forderungen samt der Inflationierung des Begriffs ‚Revolution'..."[125]

Freie Inszenierung als neues politisches Theater

Ein Tucholsky-Gedicht

1789 veränderte eine revolutionäre Masse, angeführt von jungen Leuten, die soziale Struktur: Sie kämpften gegen den Hunger und standen plötzlich den Königen Europas gegenüber. Nach der Reinhardt-Inszenierung von 1921 und in Erinnerung an die November-Revolution schrieb Kurt Tucholsky in seinem Gedicht *Dantons Tod*:

---

125 Dieter Erbe: *Die ungeliebten Erinnerungen.* In: unsere zeit. Essen vom 16. Mai 1997, S. 9.

Kurt Tucholskys Gedicht *Dantons Tod*

„Bei Reinhardt wogte der dritte Akt
Es rasten sechshundert Statisten. (...)
Und ernüchtert seh ich den grauen Tag.
Wo ist der November geblieben?
Wo ist das Volk, das einst unten lag,
von Sehnsucht nach oben getrieben?
Stille. Vorbei. Es war nicht viel.
Ein Spiel. Ein Spiel."[126]

126 Kurt Tucholsky: *Dantons Tod*. In: *Auswahl 1920 bis 1923*, Bd. 2, Berlin: Volk und Welt, 1969, S. 227.

6. PRÜFUNGSAUFGABEN MIT MUSTERLÖSUNGEN

Unter www.königserläuterungen.de/download finden Sie im Internet zwei weitere Aufgaben mit Musterlösungen.

Die Zahl der Sternchen bezeichnet das Anforderungsniveau der jeweiligen Aufgabe.

Aufgabe 1 *

Beschreiben Sie den geschichtlichen Zeitpunkt der Handlung und die Aktualität von Georg Büchners *Dantons Tod*.

Mögliche Lösung in knapper Fassung:

Georg Büchners *Dantons Tod* ist ein wichtiges historisches Drama und ein extrem widersprüchlich beurteilter Text der deutschen Literatur. Das Stück verarbeitete zeitnahe Vorgänge – der Dichter wurde 20 Jahre nach den Ereignissen des Stücks geboren – zu einem historischen Drama. Es analysiert eine Phase der Französischen Revolution, die der Schreckensherrschaft von 1793/1794, mit der die Revolution endete. Büchner ging es dabei um die Rolle Dantons und Robespierres und den Anteil der Volksmassen, die diese Revolution noch nicht selbstständig tragen und beenden konnten.

Büchner brachte eigene Erfahrungen aus gescheiterten Plänen ein, wodurch die dramatischen Ereignisse nicht nur zeitnah, sondern aktuell wurden. Die Enttäuschung über die Wirkung seines *Hessischen Landboten* lag kurze Zeit zurück: Büchner hatte gehofft, dass von der Flugschrift eine revolutionäre Bewegung ausgehen würde. Er musste erleben, dass zahlreiche Exemplare von der Bevölkerung bei der Polizei abgegeben wurden und kaum eine Reaktion zu erleben war. Diese Enttäuschung über das Volk, die neben Büchner auch andere Dichter erfahren mussten, führte ihn zum Studium revolutionärer Ereignisse, insbesondere der Französischen Revolution von 1789. Büchners *Dantons Tod* bildete deshalb eine neue Stufe in der Beschäftigung des Autors mit den Gesetzmäßigkeiten einer Revolution. Nach der Enttäuschung, die er erlebt hatte, war das der Versuch, eine andere Qualität des revolutionären Kampfes zu finden und Zielvorstellungen zu präzisieren.

BESCHREIBUNG

Büchners Stück hält den Augenblick fest, in dem sich die Französische Revolution von 1789 selbst zu zerstören beginnt: Sie kann die Armen nicht versorgen und damit nicht deren soziale Probleme lösen; sie ist machtlos, auch nur die einfachsten Bedürfnisse des alltäglichen Lebens mit ihren Forderungen nach Gleichheit zu verbinden und zu befriedigen. 1793 versuchte Robespierre, das Volk mit zunehmender Gewalt zu befriedigen, mit Hinrichtungen den Hunger zu dämpfen, wie es auch im Stück beschrieben wird. Danton hatte sich zu diesem Zeitpunkt bereits vom tagespolitischen Kampf zurückgezogen. Der Prozess gegen Danton galt den Zeitgenossen als der größte der Revolutionsperiode; der Tod der Dantonisten war einer der entscheidenden Abschnitte bei der Selbstvernichtung der Revolutionäre.

Der neue Verlauf des revolutionären Geschehens wurde daran erkennbar, dass sich die Vernichtung nicht gegen die Feinde von außen und die Gegner im Inneren richtete, sondern gegen die eigenen Kräfte. Es setzte die Phase des Terrors ein, die Freunde der Revolution abstieß, auch deutsche Verbündeten wie Friedrich Schiller ablehnend werden ließ. Vernichtung wurde das Ziel der Revolution, nicht mehr ihr Mittel. In Büchners Stück erreichen beide Seiten nicht die gesteckten Ziele: Danton beschränkt sich frühzeitig auf die gesicherten bürgerlichen Positionen, die ein Gewinn der Revolution waren, und muss sich deshalb von den Jakobinern sagen lassen, dass er zum Verräter an der Revolution wurde. Robespierre, der von einer fast krankhaften Tugendhaftigkeit beherrscht wird, kann aber außer seiner Tugend und der von ihm ausgelösten Gewalt auch nichts einbringen, um die Ziele zu erreichen. Beide haben die sozialen Widersprüche, die Auslöser der Revolution waren, nicht gelöst; Danton nicht aus dem subjektiven Drang nach Lebensgenuss, Robespierre nicht aus der objektiven Unfähigkeit, gesellschaftliche Bedingungen für die Lösung der sozialen Widersprüche zu schaffen, die Büchner auf den grundsätzlichen Gegensatz von Arm und Reich brachte.

Da für Büchner selbst der praktische Einsatz für die Vorbereitung einer Revolution nicht erfolgreich verlaufen war, nutzte er den historischen Vorgang, um im Beispiel der Kunst die Möglichkeiten durchzuspielen und nach einer Lösung zu suchen. Dass er das mit den Mitteln der Literatur versuchte, stammte aus dem Umfeld des Jungen Deutschland, das mit und durch Literatur gesellschaftliche Veränderungen anstrebte. Büchners Ergebnis war, dass weder Danton noch Robespierre eine Lösung fanden, die letztlich auch ihm, für den das Proletariat gerade erst ins Blickfeld getreten war, nur in unklaren Konturen vor Augen stand: Lösungen konnten nicht in der oder durch die Literatur erfolgen, sondern dort nur analysiert werden. Arm und Reich waren ihm „das einzige revolutionäre Element" und Hunger eine entscheidende Triebkraft.

AKTUALITÄT

Das Thema ist aktuell geblieben, weil wesentliche Forderungen der Französischen Revolution, verdichtet im Leitspruch „Freiheit, Gleichheit, Brüderlichkeit", bisher nur ansatzweise eingelöst wurden. Dabei haben sich die Grundlegungen dieser Forderungen vereinfacht und entsprechen nicht mehr dem menschheitlichen Anspruch von 1789, sondern wurden populistisch entwertet. Auch die weiteren Revolutionen brachten für den Gegensatz von Arm und Reich keine Lösung; vielmehr wird gerade in der Gegenwart festgestellt, dass die Schere zwischen Arm und Reich immer weiter auseinandergeht und so die Fragen aus *Dantons Tod* nach wie vor nicht gelöst und nicht einmal ansatzweise beantwortet sind.

Aufgabe 2 ***

> **Erklären Sie, wie sich Büchners Auffassung vom „grässlichen Fatalismus der Geschichte" in *Dantons Tod* niederschlägt.**

Mögliche Lösung in knapper Fassung:

Büchners Auffassung vom „grässlichen Fatalismus der Geschichte"[127] gehört zu den wichtigsten Bekenntnissen des Dichters. Der Begriff hat eine Vorgeschichte und einen besonderen Inhalt. Die Frage, ob der Mensch in seinen Entscheidungen frei oder ob seine Willensentscheidungen vorherbestimmt seien, wurde für Büchner zum zentralen Problem in klinischer, wissenschaftlicher und künstlerischer Hinsicht. Auch Danton beschäftigt die Frage, inwieweit Geschichte vom Menschen bestimmbar ist. Dabei sieht er sich noch mit der idealistischen Philosophie konfrontiert, – vor allem dem Fichte'schen „Ich bin ich" – die dem Menschen eine absolute Freiheit zusprach, mit der er sich über jede Notwendigkeit erheben konnte. Büchners Fatalismus-Auffassung war eine Polemik gegen diesen ausgeweiteten Freiheits-Begriff.

---

127 Brief an die Braut Wilhelmine Jaeglé vom November 1833. In: Bergemann (Hrsg.), *Büchner: Werke und Briefe*, S. 395.

Die Ursachen für Büchners Einschränkung der menschlichen Willensfreiheit waren Fakten, die sich bei seinen sozialen Studien in Hessen ergeben hatten und die zum *Hessischen Landboten* führten. Dass auch die dort erwartete revolutionäre Bewegung ausblieb, löste bei Büchner zwischen Hoffnung und Resignation eine Krise aus, aus der die berühmte Formulierung vom „grässlichen Fatalismus der Geschichte" stammt, denn er sah sich und seine Hoffnungen plötzlich enttäuscht. Aber die Enttäuschung Büchners über das aktuelle Ausbleiben der Revolution, die er mit anderen Schriftstellern wie Fritz Reuter (1810-1874) teilte, führte zu keiner grundsätzlichen Absage an die Revolution, auch hier Fritz Reuter ähnlich. Büchner unterwarf sich diesem Fatalismus keineswegs hilflos. Auch in *Dantons Tod* weisen Zeichen über diesen Fatalismus hinaus. Eine Revolution schien Georg Büchner dann erfolgreich zu sein, wenn die Massen der Armen gegen die Reichen siegten. **Büchners Fatalismus** wird aus der Geschichte und aus der anthropologischen Erkenntnis gespeist, dass alles, was lebt, auch sterben muss. Die Zwanghaftigkeit des Todes, wenn Leben einmal da ist, veranlasst den Menschen zur Lebensplanung, da ihn andere Gestaltungsmöglichkeiten vertrösten (Jenseits, Erlösung usw.). Damit verbindet Büchner die Frage, inwieweit der Mensch von Umständen abhängig ist, die „außer uns liegen"[128]. Im Zusammenhang mit Büchners „Fatalismusbrief" wäre Dantons revolutionäres Engagement weitgehend zwecklos und seine Flucht in den Sinnenrausch eine logische Konsequenz dieser Einsicht. Darüber hinaus lässt sich Danton als Abtrünniger der Revolution betrachten, die, sich gründend auf das Volk, weitergehen und die bisher uneingelösten Forderungen des Volkes erfüllen wird. Das würde auf einen politischen Schuldspruch Dantons hinausführen. Dem

ANALYSE

---

128 Vgl. dazu Mayer, 1960, S. 330.

steht allerdings entgegen, dass auch der Träger der revolutionären Ideen allein steht und keine Basis mehr hat. Seine Verbündeten sind ebenso korrupt wie die Dantonisten, ebenso unmoralisch und gierig.

So wandte Büchner seine Auffassung vom Fatalismus auf die beiden Hauptgestalten an und sah sie beide einer Fremdbestimmung ausgesetzt, derer sie nicht Herr wurden. Sie äußern den Eindruck einer Fremdbestimmung beide in ähnlich lautenden Worten wie sie auch Büchner in seinem Fatalismusbrief verwendet hatte: „Was ist, was in uns lügt, mordet, stiehlt?" Danton erweitert sie um seine Sinnenlust: „Was ist das, was in uns lügt, hurt, stiehlt und mordet?" (HL 34, 18 f./R 43, 3 f.) und Robespierre verkürzt sie, stellt aber seine Tugendhaftigkeit in Frage: „Ich weiß nicht, was in mir das andere belügt." (HL 22, 32/R 27, 27 f.) Insofern können sich Büchners Hauptgestalten nicht aus diesem Fatalismus lösen, weil sie letztlich die von der Revolution gestellten Aufgaben nicht erfüllen können. Für Büchner war das allerdings nicht die endgültige Antwort; er sah die Möglichkeit der gesellschaftlichen Gestaltung zwar eingeschränkt, aber nicht ewig unveränderlich. Er drang bis zur Erkenntnis der gestaltenden Kräfte vor, die er in der „Bildung eines neuen geistigen Lebens im Volke" sah; dann könne man „die abgelebte moderne Gesellschaft zum Teufel gehen lassen" (Brief an Gutzkow, Straßburg 1836). Darin deutet sich die Überwindung des Fatalismus an.

| 4 REZEPTIONS-GESCHICHTE | 5 MATERIALIEN | 6 PRÜFUNGS-AUFGABEN |

Aufgabe 3 **

Beschreiben Sie Gestaltung und Funktion des Volkes in Georg Büchners *Dantons Tod*.

Mögliche Lösung in knapper Fassung:
Neben den beiden Lagern – den Jakobinern unter Robespierre und den Dantonisten – tritt als dritte Gruppe, die die Handlung des Stückes wesentlich trägt, das Volk auf. Es erscheint bereits in der 2. Szene des 1. Aktes und verlässt, vertreten durch „Weiber" und „Henker", als letztes den Schauplatz. Das Volk handelt in dem Stück ausschließlich auf Straßen und Plätzen, immer beteiligt am revolutionären Geschehen, dabei allerdings manipulierbar und ohne eigenes Konzept. Als handlungstreibende Kraft wird es vor allem von Armut und Hunger belastet, die es in den Aufruhr getrieben haben, an deren Spitze nun Jakobiner und Dantonisten stehen.

ANALYSE

Dem Volk kommt dramaturgisch eine wesentliche Rolle zu. In der Abfolge der verschiedenen Stationen wird es zum Spiegel der politischen Verhältnisse. Bereits bei seinem ersten Auftritt (1.2.) zeigt es sich als radikaler Vertreter der revolutionären Vernichtung: Der nur wegen eines Taschentuchs als Aristokrat bezeichnete „Junge Mensch" (HL 10, 5/R 11, 20) entkommt lediglich durch den Auftritt Robespierres dem Lynchmord. Robespierre nutzt die Situation, um das Volk zu den Jakobinern zu führen und es so den Zielen dieser Politik dienstbar zu machen. Das Gegenteil geschieht, als Danton sich vor dem Revolutionstribunal verteidigt: Das zuhörende Volk bedenkt ihn mit Beifall, der zur Gefahr für die Jakobiner wird. Deshalb muss die Verhandlung abgebrochen werden. Zu diesen beiden Szenen gehört schließlich eine dritte: Noch ist das Volk von Danton begeistert und erhebt sich gegen die Dezemvirn (die Jakobinerherrschaft). Doch mitten in der Szene stehen sich beide Positionen scheinbar unvereinbar gegenüber, denn Danton und Robespierre werden, jeweils durch den anderen, als Verräter bezeichnet. Durch ein einfaches und simples Verfahren wird eine Entscheidung herbeigeführt: Ein Jakobiner zählt auf, was Danton jetzt alles hat, obwohl er anfangs arm wie alle anderen war. Und er setzt dagegen, was Robespierre nicht hat. Materieller Besitz Dantons wird gegen die Tugendhaftigkeit Robespierres gestellt. Da dem Volk auch nichts anderes als Tugendhaftigkeit geblieben ist, weil die sozialen Ziele der Revolution nicht erreicht wurden, kippt die Situation und das Volk schlägt sich wieder auf die Seite der Jakobiner. Dabei hat Büchner alles vermieden, was das auf der Bühne agierende Volk von Durchschnittlichkeit, Alltäglichkeit und Normalität abhebt. Es wird charakterisiert als Stadtbewohner, meist namenlos, nur als „Volkshaufe", „Stimmen", „Bürger", „Weiber", „Schließer", „Fuhrmann", „Henker" usw. bezeichnet. Nur wenige tragen Namen. Aus dieser Charakteristik entsteht einerseits das Profil armer und hungernder Menschen, andererseits fehlt ihnen genau das, was Jakobiner und Dantonisten auszeichnet: das gemeinschaftliche Konzept einer Handlung. Deshalb greift das Volk auch nicht selbstständig in das Geschehen ein, sondern wird von den gegensätzlichen Kräften zu Handlungen manipuliert. Das Volk hat in dem Stück keine eigene Geschichte – die haben nur Dantonisten und Jakobiner, weshalb sie auch immer wieder auf historische Daten ihres Handelns zurückverweisen können. In Ansätzen ist diese allenfalls beim Souffleur Simon erkennbar, der jedoch wiederum Reste eines anderen Figurentyps enthält, des Räsoneurs: Meist als komische Figur angelegt war er der Mittler zwischen Spiel und Wirklichkeit, zwischen Schauspieler und Publikum. Bei Büchner bekommt er eine besondere Funktion: Er ist der Mittler zwischen dem Kostüm und Spiel der Revolution – gekleidet in römische Masken – und der brutalen Wirklichkeit des Volkes auf der Bühne. Der Räsoneur ist einigen Figuren bei Shakespeare ähnlich, die kommentierende Funktionen wahrnehmen, wie etwa Thersites in *Troilus und Cressida*.

Das Volk unterscheidet von beiden Machtgruppen das fehlende Interesse an der konkreten Machtausübung. Es wird bestimmt durch seine soziale Notlage, die von beiden Seiten nicht verändert werden konnte. Dadurch wird das Volk unberechenbar und trägt, nach der Vernichtung der Dantonisten, später auch den Untergang der Jakobiner und den Übergang in eine neue Machtstruktur. Einerseits lässt sich dieses Volk von den Mächtigen, teils mit demagogischen Mitteln, in den zerstörerischen Aktionismus treiben, in dem Menschenleben keinen Wert haben. Andererseits bleibt das Volk für die Umsetzung revolutionärer Konzepte die einzige Macht. Sie gewinnt an historischer Bedeutung, wenn das Volk selbst ein Programm entwickelt und umsetzt. Hat es das nicht, wird es auf Vernichtung reduziert: In dem Stück bleiben am Ende die Henker. Aber Büchners Vorstellung ging, wie aus seinen Briefen deutlich wird, darüber hinaus: „Ich glaube, man muss in sozialen Dingen von einem absoluten Rechtsgrundsatz ausgehen, die Bildung eines neuen geistigen Lebens im Volke suchen und die abgelebte moderne Gesellschaft zum Teufel gehen lassen." (An Gutzkow, Straßburg 1836).

| 1 SCHNELLÜBERSICHT | 2 GEORG BÜCHNER: LEBEN UND WERK | 3 TEXTANALYSE UND -INTERPRETATION |

Aufgabe 4 ***

Beschreiben Sie die grundsätzlichen Unterschiede zwischen den beiden Revolutionären Danton und Robespierre. Versuchen Sie, diese Unterschiede aus dem sozialen Standort, den moralischen Wertvorstellungen und dem Charakter der Personen zu entwickeln. Erläutern Sie auch, warum Danton zum Tode verurteilt wird und welchen Gewinn Robespierre daraus zieht.

UNTERSCHIEDE DANTON VS. ROBESPIERRE

Mögliche Lösung in knapper Fassung:

Danton und Robespierre sind Führer des bürgerlichen, dritten Standes in der Französischen Revolution von 1789. Bis 1793 haben sie die gleichen Ziele verfolgt; nach der Hinrichtung des Königs unterscheiden sich ihre Ziele, ohne grundsätzlich gegensätzlich zu sein. Beide bewegen sich im Umfeld des bürgerlichen Denkens. Während Danton die Macht erreicht sieht und nun durch die Republik diese Macht sichern will, um das bürgerliche Leben zu genießen, betrachtet Robespierre die Macht vor allem im sozialen Umfeld nicht als erreicht. Büchners Stück stellt beide Zielstellungen als gleichermaßen unzulänglich heraus; deshalb ist für ihn der Untergang Dantons und seiner Anhänger auch kein tragischer Vorgang und er verzichtet auf eine entsprechende Bezeichnung „Tragödie" oder „Trauerspiel".

Vor Augen hatte er dabei Schillers *Wallenstein*-Trilogie, die mit *Wallensteins Tod. Ein Trauerspiel* beendet wurde. Büchner vertraute seiner Charakterzeichnung der beiden Revolutionsführer: Danton war zum Genießer geworden und hatte alle revolutionären Ziele aufgegeben, er war zum Gewinner der Revolution geworden und bediente sich dieser Stellung uneingeschränkt. Die bürgerlichen Gewinner der Revolution waren für Büchner die neuen Geg-

132   GEORG BÜCHNER

ner. Sie hatten vor allem das Volk aus ihrem Blick verloren. Robespierre setzte zwar weiterhin auf die blutige Vernichtung durch die Revolution, hatte aber für das soziale Elend des Volkes auch keine Lösung. Treffend ins Bild bringt Büchner das, indem bei der Hinrichtung der Dantonisten die Mütter ihre hungrigen Kinder in die ersten Reihen zu bringen versuchen, um sie durch das blutige Schauspiel den Hunger vergessen zu machen (4.7.). Das Ergebnis sollte nach Büchner sein, dass erkannt wird, wie wichtig es für eine Revolution ist, die soziale Spannung und vor allem die Armut zu beseitigen. Dabei setzt er, wie er auch in anderen Schriften wie dem *Hessischen Landboten* angedeutet hatte, auf den revolutionären Kampf, nicht auf Kompromisse. Sein Blick reicht über die Französische Revolution von 1789 hinaus. Geschult durch die Julirevolution 1830 in Frankreich sieht er den Konflikt zwischen dem an der Macht befindlichen Bürgertum und dem sich organisierenden Proletariat. Deshalb spielt sich der Kampf zwischen Danton und Robespierre ab, zwischen Vertretern des Bürgertums. Zwischen ihnen steht das Volk, wie die Szenenanlage ausweist. Wie auch immer sich das Volk entscheidet, es bleibt in den Grenzen der bürgerlichen Machtverhältnisse. Ein Kampf zwischen den Revolutionären und der vergangenen Macht, dem Absolutismus und seinen Vertretern, findet sich nicht; nicht ein einziger Aristokrat nimmt an der Handlung teil, sieht man von dem jungen Menschen ab, den ein Taschentuch verdächtig macht. Bereits dieses Detail weist aus, wie weit der einstige Gegner aus dem Blickfeld verschwunden ist und dass es sich um die inneren Widersprüche der Revolution selbst handelt. Dass schließlich auch Robespierre den Kampf verliert – Danton deutet es mehrfach im Stück an – ist die Folge des Verwischens der revolutionären Ziele und ihrer Massenbasis. Beide, Danton und Robespierre, sind Einzelhelden, nicht die Repräsentanten einer Schicht oder Klasse. Sie verlieren den Kontakt zur Situation des Volkes.

Der Untergang der Dantonisten ist von Beginn an bekannt; schon der Titel weist auf ihn hin. Im Handlungsverlauf werden zahlreiche Hinweise darauf gegeben, dass die Hinrichtung der Dantonisten berechtigt ist. Dadurch wird eine Verzerrung der Revolution ausgeschaltet. Aber es wird gleichzeitig deutlich, dass auch der vermeintliche Sieger Robespierre nur eine kurze Verschnaufpause bekommt, ehe er selbst zum Opfer wird, da sein Ersetzen der sozialen Maßnahmen durch den Terror ebenfalls zur Verzerrung der Revolution verkommen ist.

Es lässt sich zusammenfassen: Büchners Danton repräsentiert die Revolutionsgewinner, die bürgerliche Schicht, die die erreichten Positionen stabilisieren und die Gewinne für die Bürgerlichen einstreichen will, aber den Plebejern und dem entstehenden Proletariat keine Aufmerksamkeit schenkt. Robespierre steht für die plebejische Schicht, die er auf ihre Tugend festlegen und in den Kampf führen will. Aber auch die Tugend ist abhängig von den sozialen Umständen: Hier wird sie mit Armut und Bedürfnislosigkeit verbunden, woraus aber dauerhaft keine Tugend entstehen kann. Robespierres Tugendgerede, so war Büchners Meinung, brachte dem Volk nichts zu essen, dadurch begehrte es auf und suchte sich durch Vernichtung selbst Notwendiges zusammen. Deshalb entwickelte sich aus der revolutionären Bewegung die Anarchie der Schreckensherrschaft.

LITERATUR

Zitierte Ausgaben:

Büchner, Georg: *Dantons Tod. Ein Drama*. Husum/Nordsee: Hamburger Lesehefte Verlag, 2008 (Hamburger Leseheft Nr. 113, Heftbearbeitung: F. Bruckner und K. Sternelle). Zitiert wird durch nachgestellte Seiten- und Zeilenangabe, z. B. **HL** 13, 1 ff.

Büchner, Georg: *Dantons Tod. Ein Drama*. Stuttgart: Reclam, 2002 (Reclams Universal-Bibliothek Nr. 6060). Zitiert wird durch nachgestellte Seiten- und Zeilenangabe, z. B. **R** 13, 1 ff.

Primärliteratur:

Dantons Tod: Kritische Studienausgabe des Originals mit Quellen, Aufsätzen und Materialien. Hrsg. von Peter von Becker. Frankfurt a. M.: Athenäum, 1985

Büchner, Georg: *Werke und Briefe*. Gesamtausgabe. Hrsg. von Fritz Bergemann. Leipzig: Insel-Verlag (zuerst 1922); Frankfurt a. M., 1974 (12. Auflage) usw.
(Zitiert als Bergemann (Hrsg.): Büchner: Werke und Briefe.)

Büchner, Georg: *Werke und Briefe*. Münchner Ausgabe. Hrsg. von Karl Pörnbacher, Gerhard Schaub, Hans-Joachim Simm und Edda Ziegler. München: dtv, 1992

Georg Büchner: *Jahrbuch*. Hrsg. von Thomas Michael Mayer u. a., Frankfurt a. M.: Europäische Verlagsanstalt, 1981–1990, Tübingen: Max Niemeyer, 1991–2008 (2005-2008)
→ Im Jahrbuch 2008 befinden sich drei Aufsätze zu ,*Dantons Tod*': zur Französischen Revolution, zu Eros und Gewalt und ein Vergleich mit Heiner Müllers ,*Der Auftrag*'.

LITERATUR

Lernhilfen und Kommentare für Schüler:

Barke, Jörg: *Georg Büchner. Dantons Tod*. Interpretationshilfe Deutsch. Freising: Stark Verlagsgesellschaft, 2001

Hasselbach, Karlheinz: *Georg Büchner*. Literaturwissen für Schule und Studium. Stuttgart: Reclam, 1997 (Universal-Bibliothek Nr. 15212)

Funk, Gerald: *Georg Büchner. Dantons Tod* nach der Historisch-kritischen Marburger Ausgabe. Erläuterungen und Dokumente. Stuttgart: Reclam, 2002 (Universal-Bibliothek Nr. 16034)

Jansen, Josef: *Georg Büchner. Dantons Tod*. Erläuterungen und Dokumente. Stuttgart: Reclam, 2000 (1969. Bibliografisch ergänzte Ausgabe 1992, Universal-Bibliothek Nr. 8104)

Knapp, Gerhard P.: *Georg Büchner*. Stuttgart: Metzler, 1984 (Sammlung Metzler 159)

Martin, Ariane: *Georg Büchner*. Stuttgart: Reclam, 2007 (Universal-Bibliothek Nr. 17670)

Popp, Hansjürgen: *Lektürehilfen. Georg Büchner. Dantons Tod*. Stuttgart-Dresden: Ernst Klett Verlag für Wissen und Bildung, 1992 (2. Auflage)

Selge, Martin: *Dantons Tod in der Schule*. Lehrer und Schüler berichten aus Schulstunden über Büchners Drama. In: Georg Büchner Jahrbuch 1985, 5; Frankfurt a. M.: Europäische Verlagsanstalt, 1986, S. 218–274

Solms, Wilhelm: *Büchners Tod in aktuellen Unterrichtsmodellen*. In: Georg Büchner Jahrbuch 1985, 5; Frankfurt a. M.: Europäische Verlagsanstalt, 1986, S. 198–217

Sekundärliteratur:

Arnold, Heinz Ludwig (Hrsg.): *Georg Büchner I–III*. München: edition text + kritik 1979–1981

Beese, Marianne: *Georg Büchner*. Leipzig: Bibliographisches Institut, 1983

Büchner, Georg: 1813–1837, Revolutionär, Dichter, Wissenschaftler (Katalog der Ausstellung Mathildenhöhe, Darmstadt, 2. August – 27. September 1987). Basel, Frankfurt a. M.: Stroemfeld/Roter Stern, 1987 (zu *Dantons Tod* mit zahlreichen Abbildungen: S. 218–251, bemerkenswert vor allem der Beitrag Herbert Wenders, S. 218–226)

Dedner, Burghard; Glück, Alfons; Mayer, Thomas Michael (Hrsg.): *Büchner-Studien*. Veröffentlichungen der Forschungsstelle Georg Büchner. Frankfurt a. M.: athenäum, 1885 ff., Band 1 ff.

Fetting, Hugo (Hrsg.): *Von der Freien Bühne zum politischen Theater. Drama und Theater im Spiegel der Kritik*. Bd. 1. Leipzig: Reclam, 1987

Goltschnigg, Dietmar (Hrsg.): *Georg Büchner und die Moderne*. Texte, Analysen, Kommentar. 3 Bände. Berlin, Bielefeld, München: Erich Schmidt Verlag, 2001–2002 (Band I: 1875–1945, Band II: 1945–1980, Band III: 1980–2000)

Hauschild, Jan-Christoph: *Georg Büchner – Studien und neue Quellen zu Leben, Werk und Wirkung. Mit zwei unbekannten Büchner-Briefen*. Frankfurt a. M.: athenäum, 1985 (Büchner-Studien Bd. 2)

Hauschild, Jan-Christoph: *Georg Büchner*. Mit Selbstzeugnissen und Bilddokumenten dargestellt. rowohlts monographien Nr. 503, Reinbek b. Hamburg: Rowohlt Taschenbuchverlag, 1997 → Kurzgefasste Darstellung der umfangreichen Büchner-Biografie des Verfassers, genau und informativ unter Einbeziehung wichtiger Sekundärliteratur.

Lukács, Georg: *Der faschistisch verfälschte und der wirkliche Georg Büchner*. In: Lukács, Georg: Deutsche Realisten des 19. Jahrhunderts. Berlin: Aufbau-Verlag, 1952, S. 66–88 → Der Missbrauch Büchners im Nationalsozialismus wird am Beispiel von *,Dantons Tod'* dargestellt.

Markov, Walter: *Revolution im Zeugenstand*. Frankreich 1789–1799. 2 Bände. Leipzig: Reclam, 1982 (Universal-Bibliothek Nr. 950/51) → Historischer Abriss und Dokumentensammlung von großem Wert für das Stück.

Martens, Wolfgang (Hrsg.): *Georg Büchner*. Darmstadt: Wissenschaftliche Buchgesellschaft, 1965 (Wege der Forschung Bd. III) → Sammlung wichtiger Aufsätze zu Georg Büchner, darunter zu *,Dantons Tod'* von Paul Landau, Karl Viëtor, Claude David und Wolfgang Martens.

Mayer, Hans: *Georg Büchner und seine Zeit*. Berlin: Aufbau-Verlag, 1960; Frankfurt a. M.: Suhrkamp, 1972 (suhrkamp taschenbuch 58), 1980 → Neue und erweiterte Ausgabe des 1946 in Wiesbaden erstmals erschienenen grundlegenden Werkes zu Georg Büchner.

Mayer, Thomas Michael: *Georg Büchner*. Eine kurze Chronik zu Leben und Werk. In: Arnold I/II, S. 16–298

Mayer, Thomas Michael (Hrsg.): *Insel-Almanach auf das Jahr 1987. Georg Büchner.* Frankfurt a. M.: Insel-Verlag, 1987

Poschmann, Henri: *Georg Büchner. Dichtung der Revolution und Revolution der Dichtung.* Berlin und Weimar: Aufbau-Verlag, 1983, 1988 → Gründliche, übersichtliche und genaue Interpretation von *'Dantons Tod'*, S. 90–118.

Sanson, Henri: *Tagebücher der Henker von Paris 1685–1847.* Zwei Bände. Leipzig und Weimar: Gustav Kiepenheuer Verlag, 1982 → Inhaltsreiche und dokumentarisch interessante Darstellung des Endes der Dantonisten von der Verhaftung bis zur Hinrichtung in Bd. 2, S. 77–136.

Seidel, Jürgen: *Georg Büchner.* München: dtv, 1998 (portrait Nr. 31001)

Viehweg, Wolfram: *Georg Büchners Dantons Tod auf dem deutschen Theater.* München: Hadaching, 1964 (Neue Schaubühne. Forschungen zur Theatergeschichte 1)

Voges, Michael: *Dantons Tod.* In: Interpretationen. Georg Büchner. Stuttgart: Reclam, Durchgesehene Ausgabe, 2001 (Universal-Bibliothek Nr. 8415) → Historisch orientierte Analyse mit Betrachtung von Anspielungen und Zitaten, der Theatermetaphorik und der Funktion des Privaten (Liebe) in Büchners Drama.

Wendel, Hermann: *Danton. Eine schillernde Gestalt der Französischen Revolution.* München: Wilhelm Heyne Verlag, 1988 (Frankfurt a. M.: Scriptor Verlag, 1978) → Unter den zahlreichen Danton-Biografien ist diese eine gut lesbare, übersichtliche und sehr informative, gewidmet den „Manen Georg Büchners".

Werner, Hans-Georg: *Dantons Tod. Im Zwang der Geschichte.* In: Hans-Georg Werner (Hrsg.): Studien zu Georg Büchner. Berlin und Weimar: Aufbau-Verlag, 1988, S. 7–85

LITERATUR

Verfilmungen (Auswahl):

Danton. Stummfilm. Deutschland 1921.
    Drehbuch: Carl Mayer. Regie: Dimitri Buchowetzki.
    Emil Jannings als Danton, Werner Krauss als Robespierre.

Danton. Deutschland 1931. Regie: Hans Behrendt.
    Fritz Kortner als Danton, Gustaf Gründgens als Robespierre.

Dantons Tod. BRD 1963 (Verfilmung für das Fernsehen/ARD).
    Regie und Drehbuch: Fritz Umgelter.

Dantons Tod. DDR 1977 (Verfilmung für das Fernsehen).
    Regie: Fritz Bornemann.

Danton. Frankreich/Polen/BRD 1982.
    Regie: Andrzej Wajda.
    Gérard Depardieu als Danton.

STICHWORTVERZEICHNIS

analytisches Drama 7, 29, 42, 43

Atheist 66, 75, 87

Aufklärung 16, 17, 88

Christus 79, 102, 104

Code civil 21

Determination 32, 83

Dreieinheit 43, 49

Elision 9, 97, 101

Ende der Kunstperiode 16

Exposition 42

fallende Handlung 44, 45

Fatalismus 12, 21, 28, 32, 70, 78, 102, 110, 126, 127, 128

Frankfurter Wachensturm 6, 12, 21

Französische Revolution 16, 17, 19, 25, 100, 114, 124

Georg-Büchner-Preis 106, 116

industrielle Revolution 16

Jakobiner 17, 20, 30, 31, 43, 50, 55, 57, 62, 64, 67, 68, 76, 77, 85, 86, 97, 99, 100

Jamben 70, 83

Julirevolution 16, 19, 20, 21, 133

Laster 31, 32, 37, 51, 79

Marionette 83

Massenszene 30, 44, 45, 50

Menschenrechte 12, 62, 85, 108

Metapher 27, 76

Moment der letzten Spannung 55

Monolog 52, 98, 101, 117

Mundart 9, 97, 101

Naturalismus 10, 42, 106, 118

Parataxe 9, 97, 101

Physiognomie 64, 78, 91

plebejisch 17, 30, 44, 45, 77, 103, 113, 134

Proletariat 16, 17, 113, 133, 134

retardierende 55

Romantik 28, 53, 54, 55, 82, 93, 100

Rousseau 8, 51, 54, 61, 67, 83, 89, 120

Saint-Simonisten 12

Schreckensherrschaft 7, 18, 27, 29

soziale Probleme 6, 124

Stationendrama 42, 44

Theater 63, 70, 95, 104, 105

Tugend 32, 51, 52, 62, 74, 79, 88, 103, 134

Umgangssprache 9, 97, 101

STICHWORTVERZEICHNIS

Unabhängigkeitskampf 16
Vernunft 66, 81, 88
Volk 22, 30, 33, 37, 38, 40, 45,
47, 102, 46

Völkerschlacht 16, 20
Volkslied 47, 93, 94, 96
Wiener Kongress 6, 16, 21
windschiefer Dialog 9, 97

KÖNIGS ERLÄUTERUNGEN
SPEZIAL

Lyrik verstehen leicht gemacht

- → wichtige Prüfungsthemen in allen Bundesländern
- → ideal zur Vorbereitung

Umfassender Überblick über die Lyrik einer Epoche (mit Interpretationen)

Lyrik des Barock
Best.-Nr. 3022-8

Lyrik der Klassik
Best.-Nr. 3023-5

Lyrik der Romantik
Best.-Nr. 3032-7

Lyrik des Realismus
Best.-Nr. 3025-9

Lyrik der Jahrhundertwende
Best.-Nr. 3029-7

Lyrik des Expressionismus
Best.-Nr. 3033-4

Lyrik der Nachkriegszeit
Best.-Nr. 3027-3

Lyrik der Gegenwart
Best.-Nr. 3028-0

Bedeutende Lyriker: Einführung in das Gesamtwerk und Interpretation der wichtigsten Gedichte

Benn
Das lyrische Schaffen
Best.-Nr. 3055-6

Brecht
Das lyrische Schaffen
Best.-Nr. 3060-0

Eichendorff
Das lyrische Schaffen
Best.-Nr. 3059-4

Goethe
Das lyrische Schaffen
Best.-Nr. 3053-2

Heine
Das lyrische Schaffen
Best.-Nr. 3054-9

Kästner
Das lyrische Schaffen
Best.-Nr. 3057-0

Rilke
Das lyrische Schaffen
Best.-Nr. 3062-4

Trakl
Das lyrische Schaffen
Best.-Nr. 3061-7

Die beste Vorbereitung auf Abitur, Matura, Klausur und Referat

KÖNIGS ERLÄUTERUNGEN
SPEZIAL

Literatur verstehen leicht gemacht

→ wichtige Prüfungsthemen in allen Bundesländern
→ ideal zur Vorbereitung

Themenfeld Lyrik

Deutsche Liebeslyrik vom Barock bis zur Gegenwart
mit einem Extrakapitel zum Mittelalter unter
www.königserläuterungen.de
Best.-Nr. 3034-1

Naturlyrik vom Mittelalter bis zur Gegenwart
Best.-Nr. 3031-0

Mythen-Adaptionen

Antigone
Ein Mythos und seine
Bearbeitungen
Best.-Nr. 3041-9

Medea
Ein Mythos und seine
Bearbeitungen
Best.-Nr. 3043-3

Faust
Ein Mythos und seine
Bearbeitungen
Best.-Nr. 3042-6

Ödipus
Ein Mythos und seine
Bearbeitungen
Best.-Nr. 3040-2

Die beste Vorbereitung auf Abitur,
Matura, Klausur und Referat